有感于斯文

课文都是好文章

张春晓 ◎ 著

燕山大学出版社
·秦皇岛·

图书在版编目（CIP）数据

有感于斯文：课文都是好文章 / 张春晓著. —秦皇岛：燕山大学出版社，2023.3
ISBN 978-7-5761-0434-9

Ⅰ.①有… Ⅱ.①张… Ⅲ.①语文课－课堂教学－教学研究－中小学 Ⅳ.①G633.302

中国版本图书馆 CIP 数据核字（2022）第 256753 号

有感于斯文
——课文都是好文章
张春晓 著

出 版 人：陈　玉	
责任编辑：孙志强	策划编辑：孙志强
责任印制：吴　波	封面设计：刘馨泽
出版发行：燕山大学出版社	电　　话：0335-8387555
地　　址：河北省秦皇岛市河北大街西段 438 号	邮政编码：066004
印　　刷：英格拉姆印刷(固安)有限公司	经　　销：全国新华书店

开　　本：170mm×240mm　1/16	印　张：13.25
版　　次：2023 年 3 月第 1 版	印　次：2023 年 3 月第 1 次印刷
书　　号：ISBN 978-7-5761-0434-9	字　数：171 千字
定　　价：53.00 元	

版权所有　侵权必究
如发生印刷、装订质量问题，读者可与出版社联系调换
联系电话：0335-8387718

《有感于斯文》自序

我曾写过一组谈读书的散文诗《遇见》：

遇见最美的你

是谁，撑一把纸伞，在雨巷深处？是谁，着一袭青衫，在康桥中央？是谁，呼兰河畔，发丝如瀑？是谁，边城之中，双眸如星？是我，我是新月，也是飞鸟。是我，我是繁星，也是春水。是我，山居笔记记录霜冷长河。是我，撒哈拉里演绎不朽传说。是谁？是我。是谁与我因同一本书而掩卷沉思？是谁？是我。是我与你因同一个故事而双泪滑落。捧起一本好书，你是最美的你。开启一段旅程，我是最美的我。最美的你，最美的我，在相遇的刹那，唱起最美的歌。

遇见最美的自己

我有两次出生，一次来自母亲，一次来自书籍；我有两次死去，一次是肉体，一次是灵魂。如果没有书籍，生命无从谈起；如果没有书籍，灵魂何处栖息？岁月如风，吹皱脸庞。好书若水，灌溉灵魂。脸庞可以老去，灵魂却永远年轻。我们不应是燃着一根蜡烛的灯笼，而应是天边永恒闪耀的星星。我们的外表可以丑陋干枯，我们的内心却必须美丽丰盈。读书，让我们遇见最美的自己。读书，让我们拥有最真的生命。

遇见最美的灵魂

海伦·凯勒会无比珍惜假如能拥有的三天光明，史铁生在地坛思考宇宙、思考人生，贝多芬用激昂的音乐扼住命运的咽喉，托尔斯泰用悲悯的文字诠释博爱与悲情。孤独的桑迪亚哥在海上汗珠滚落，忧伤的林妹妹在花丛间泪湿衣衫，倔强的普罗米修斯一心盗火种，疲倦的诸葛孔明只手补蜀天。孔子、耶稣、安拉、佛祖，他们告诉我们爱自己爱别人是所有宗教的核心教义。毛泽东、戴高乐、丘吉尔、罗斯福，他们告诉我们永不放弃就是成功的第一定律。遇见最美的灵魂，才能遇见最美的自己。遇见最美的自己，才能遇见最美的你。

感恩遇见

屈原读不上司马相如的《子虚赋》，司马相如读不上李白的《静夜思》，李白读不上苏轼的《念奴娇》，苏轼读不上曹雪芹的《红楼梦》，曹雪芹读不上鲁迅的《阿Q正传》，鲁迅读不上余华的《活着》。而我们，都可以。是啊，原来我们都可以。读书吧，读书能使时光倒流，你能看到庄子的思索、王守仁的智慧、梁晓声《人世间》中众生的悲喜。读书吧，读书能让空间转换，你能听到荷马的低吟、但丁的鼓励、张爱玲《金锁记》里七巧的叹息。为什么不呢？捧起书来，同文字起舞；捧起书来，与灵魂对话。为什么不呢？

捧起书来，无论走到东西南北；捧起书来，无论历经春秋冬夏。凯勒说："一本书像一艘船，带领我们从狭隘之地，驶向生活广阔的海洋。"赫尔岑说："不去读书就没有真正的教养，同时也不可能有什么鉴别力。"鲁

《有感于斯文》自序

宾斯坦说："评价一座城市，要看它拥有多少书店。"西塞罗说："没有书籍的屋子，就像没有灵魂的躯体。"因一本书而遇见最美的你，因一本书而遇见最美的自己，因一本书而遇见最美的灵魂，因为遇见，人生是这样多彩而美丽！

作为一个文字爱好者，作为一个语文老师，我一直在提倡和鼓励学生读书。不过，典籍浩如烟海，图书汗牛充栋，书到今生读已迟，于是，选择就成了至关重要的事。不过后来我想，其实这事儿说来也简单，能入选语文课本的应该都是好文章。

那么，什么样的文章可算得上是好文章呢？我的理解是要么语言优美生动，要么人物鲜活可感，要么立意深刻不俗。这样的文章可以如音乐般拨动心弦，如绘画般带人入境，如舞蹈般让人神迷。这样的文章可以让人的审美意识得到规范，为人境界得到提升。这样的文章，是难遇的造化。

品读这样的文章，需要一颗诗心、一双慧眼，更需要永远耐得住性子的敬畏态度。我们要一点儿一点儿读，一点儿一点儿悟。如此，才能做到不辜负作者创作此文时的灵思妙想、惨淡经营；才不辜负编写教材的老师们那沙里淘金的热忱与执着。

王羲之在《兰亭集序》的文末写道："后之览者，亦将有感于斯文。"是的，好的文章让我们有感触、有感想、有感悟、有感动。用心徜徉其中，与其同频共振，是一件非常幸福的事。

那就让我们一起"有感于斯文"吧。

是为序。

· 目录 ·

这个三十多岁的人有一颗如此温润的童心
　　——读朱自清《春》//001

这里的冬天不太冷
　　——读老舍《济南的冬天》//004

忍到生命的尽头
　　——读史铁生《秋天的怀念》//007

走向生命的圆满
　　——读莫怀戚《散步》//010

最好的安排
　　——读鲁迅《从百草园到三味书屋》//014

我愿永做您淘气的孩子
　　——读泰戈尔《金色花》//017

每个人身上都有太阳
　　——读让·乔诺《植树的牧羊人》//020

生命本就是一次次尝试
　　——读莫顿·亨特《走一步，再走一步》//023

将爱传递
　　——读海伦·凯勒《再塑生命的人》//026

信仰是朵向阳花
　　——读陆定一《老山界》//032

常常想起你
　　——读鲁迅《阿长与〈山海经〉》//038

有感于斯文 · 目录

一思一怅然
——读郑振铎《猫》//043

高贵生灵不言悲
——读利奥波德《大雁归来》//048

有些事总要有人做
——读闻一多《最后一次讲演》//052

有趣、有品、有闲
——读庄周《庄子与惠子游于濠梁之上》//058

搞笑，鲁迅先生是认真的
——读鲁迅《社戏》//062

我们需要什么样的先生和学生
——读鲁迅《藤野先生》//068

以气驭诗，无法复制
——读毛泽东《沁园春·长沙》//073

转身即永别
——读茹志鹃《百合花》//078

生命中最美丽的一天
——读铁凝《哦，香雪》//084

唯有深爱
——读朱自清《背影》//092

生命细微处的美好与感动
——读郁达夫《故都的秋》//097

· 目录 ·

所幸还有一个地方可去
　　——读朱自清《荷塘月色》//104

哥只是想活得爽一点儿
　　——读陶渊明《归去来兮辞》//110

生死之间
　　——读史铁生《我与地坛》//115

秘密花园里的独家记忆
　　——读归有光《项脊轩志》//124

去如微尘
　　——读袁枚《祭妹文》//128

会说话到底有多重要
　　——读李密《陈情表》//134

情为何物
　　——读《孔雀东南飞》//140

不是每一个女子都叫花木兰
　　——读《木兰诗》//146

至暗时刻里的高光时刻
　　——读左丘明《烛之武退秦师》//150

不妨揣摩一下
　　——读司马迁《鸿门宴》//156

遥远的幸福就在身旁
　　——读孙犁《荷花淀》//161

我如此爱你，但我必须去死
　　——读林觉民《与妻书》//167

当爱已成往事
　　——读《氓》//174

中国新闻人的典雅含蓄
　　——读周树春《别了，"不列颠尼亚"》//178

猛士之心
　　——读鲁迅《记念刘和珍君》//181

怀瑾握瑜兮，穷不知所示
　　——读司马迁《屈原列传》//185

此之谓大丈夫
　　——读班固《苏武传》//190

未经思索的人生不值得一过
　　——读王羲之《兰亭集序》//196

跋 //200

这个三十多岁的人有一颗如此温润的童心
——读朱自清《春》

《春》大约创作于 1933 年，先生当时 35 岁。此时先生刚刚结束欧洲漫游回国，与陈竹隐女士缔结美满姻缘，而后喜得贵子，同时出任清华大学中国文学系主任。家庭、事业好事连连，真是春风得意、喜气洋洋。虽然身处黑暗污浊的旧中国，但先生依然在内心辟得一片清净之地，在这片清净之地上幸福建构眼前与心中的春天。

朱自清原名朱自华，1917 年报考北京大学时，他改"自华"为"自清"，典出《楚辞·卜居》中的"宁廉洁正直以自清乎"，意思是说廉洁正直使自己保持清白。朱自清如此改名，是勉励自己在困境中不丧志，不同流合污，保持清白。自清先生用自己的一生践行了自己名字的寓意。散文《春》，便是一个有力的证据。

这篇散文最为各路专家所津津乐道的是随处可见的精妙比喻。我也很喜欢其中的比喻。钱钟书先生《围城》中的比喻几乎都透着一股知识分子精英阶层对那些丑陋之人的调侃与讽刺，而朱自清先生《春》中的比喻则带着一种敦厚长者对那些美好事物的热爱与感激。

但最令我动心的倒并不是其中的比喻，而是在字里行间都能触摸到的先生那颗温润的童心。

这得是一个怎样热爱生命、徜徉自然的人才能拥有的一颗童心呢？

他像个孩子一样"盼望着，盼望着"，他会说"春天的脚步近了"，他会写"一切都像刚睡醒的样子"。他笔下的山是"朗润"的，那么秀气明朗，又那么湿漉漉的招人喜欢。太阳会红脸，小草钻出来，各种花赶趟儿，风像母亲的手，雨像牛毛和花针。蜜蜂在闹，蝴蝶在飞，鸟儿在安巢，牧童在吹笛。工作的人，不工作的人，都平等地享受着春天带给他们的温暖与幸福。

黑暗的幕布，蒙不住自清先生明亮的眼睛；艰难的世事，变不了自清先生满腹的柔情。这两点，世上又有几人能做得到呢？

我们要么忙，要么盲。看不到美好，或者看到也感受不到。更别说把这些美好诉诸笔端，让他人通过斯文也感受到这份美好了。

我们还有多少人愿意在春天里"坐着，躺着，打两个滚，踢几脚球"？我们还有多少人会停下脚步看看山水花草，听听风声鸟鸣，闻闻泥土的气息，淋淋雨，唱唱歌呢？

KTV的欢愉哪里比得上"浴乎沂，风乎舞雩，咏而归"？斜风细雨中，吟诗复长啸。这样美好的场景早已如排云而上的雁阵，一去无消息。

周国平说："现代人只能从一杯新茶里去品味春天的原野。"听来，是一件多么令人感伤的事。

心灵的不同，导致看待世界的眼光不同。这不同的眼光，又带给每个人不同的世界。

你看先生笔下的一草一木、一山一水，处处透着灵气。目光呆滞的人们，又怎么可能领略得到呢？

这个三十多岁的人有一颗如此温润的童心

早上在操场等学生，我看到天上朝霞飞舞，与白云相伴；地上绿树婆娑，同清风纠缠。幸福的一天从此启程。晚上查完宿开车回家的路上，我望着两边的树，听着耳畔的风，肩着温柔的月，顶着稀疏的星。充实的一天就此结束。自然如此美好，生命如此从容。

我没辜负这个世界，我也没辜负自己这双眼睛。

春天来了，无论你是否已经准备好；春天走了，也无论你是否已经准备好。

风花雪月寻常事，道是无情却有情。

古龙说："每个年轻人都是诗，因为他们有未曾被污染的心灵。"如果这样说的话，自清先生还是一个年轻人啊！

春天像刚落地的粉雕玉琢的娃娃，像花枝招展的小姑娘，像健壮的青年，带给我们满满的希望。拥有一颗童心，拥有一颗慧心，诗意观世界，幸福享青春。

朱自清，这个三十多岁的人有一颗如此温润的童心。而人们所谓的少年老成，从某种意义上讲，其实是一种莫大的损失。

还是不要成长得那么快吧，至少要保护好自己那颗还未曾被污染的心灵。

2018-09-28

有感于斯文

这里的冬天不太冷
——读老舍《济南的冬天》

《济南的冬天》作于1931年,是老舍先生32岁那年的作品。我读了一遍又一遍,越读越喜欢。《春》的画面清新明丽,《济南的冬天》的画面则淡雅有趣。读《春》,感觉齿颊留香;读《济南的冬天》,则眉梢眼角全是笑意。

说来惭愧,这么好的文章,我竟然是前不久才读到,实在该打。带着这份歉意,我又读了几遍,权当给老舍先生道歉了。

文章有三处我最喜欢。

小山整把济南围了个圈儿,只有北边缺着点儿口儿。这一圈小山在冬天特别可爱,好像是把济南放在一个小摇篮里,他们全安静不动地低声地说:"你们放心吧,这儿准保暖和。"

短短一段话,用了四处儿化音。萌萌的那么亲切,济南成了摇篮里的小宝宝，小山便是那小小的摇篮。为何要"安静不动地低声"说话呢？因为济南宝宝刚刚睡着呀。这样的小山真像老舍先生写的那样——特别可爱。小山固然可爱，老舍先生又何尝不可爱呢？只有自身可爱的人才能描绘出这么可爱的小山，才会有"你们放心吧，这儿准保暖和"这样可爱的句子。读到这儿，我也觉得身上很暖和呢。

山坡上有的地方雪厚点儿，有的地方草色还露着；这样，一道儿白，一道儿暗黄，给山们穿上一件带水纹的花衣；看着看着，这件花衣好像被风儿吹动，叫你希望看见一点儿更美的山的肌肤。

这段话读完的第一反应——这是个男人写的。穿花衣服的一般都是女孩子，看到女孩子的花衣被风儿吹动，就想着看看一点儿更美的肌肤。作者不用第一人称"我"而用第二人称"你"，有趣极了。那意思，"不光我想看，你也想看吧？"爱美之心，人皆有之。何况看的又不是真正的女孩子，而是那秀气的山儿呢。可是即便如此，还是觉得这个老舍先生太好玩儿了。我一直觉得跟着感觉走就好，没必要顾忌太多。想多看美女两眼就多看两眼。要不然那份美岂不是很浪费？跟暴殄天物没多大分别。

等到快日落的时候，微黄的阳光斜射在山腰上，那点儿薄雪好像忽然害了羞，微微露出点儿粉色。

雪害羞，这当然是将雪拟人成了小姑娘，而薄雪则说明这小姑娘脸皮儿还挺薄。这薄脸皮儿的小姑娘一害羞，脸就会红。但为何是粉色的呢？那是因为害羞之前有"忽然"二字。既然是"忽然"，脸上的红晕还未完全展现，不恰好是白色与红色之间的粉色么？景物描写细微到这种地步，真是大师笔法。除了佩服，还是佩服。

可爱的小山，动人的草色，娇俏的薄雪，还有那像日本看护妇的矮松，绿绿的水藻，以及冬天的济南那一切的一切——这里的冬天不太冷。

读完《济南的冬天》，我想，一个人得对一个地方热爱到何种程度才能把这些平平常常的事物描写得这样充满诗情与画意，洋溢幸福与温情呢？我经常跟学生讲，赞美它往往是因为热爱它，这两种情感往往是配套出现的。大伙儿想想，是不是这么个理儿？

老舍先生因为几处景色而深爱这济南的冬天，就像我们有时也会因为恋上一个人而爱上一整座城，甚至因为爱上一个人而更爱这个世界。被爱，被欣赏，被珍视，被赞美，当然是一种幸福。如果又因为被爱被欣赏、被珍视、被赞美而让更多的人爱上这些事物以及这些事物所代表的那个地方、那个季节，则是一件了不起的功德！

我们每个人，都对让这个世界变得越发可爱与美好负有一份义不容辞的责任。所以我们都应该努力为更多的人所爱。这世上被爱的人越多，这个世界也就越发可爱与美好了。

让自己变得更可爱起来吧，因为我们不仅是为自己，也是为了身边这个大大的世界啊。

2018-09-29

忍到生命的尽头
——读史铁生《秋天的怀念》

她肝肠寸断，一次次希望又绝望，但她忍着不哭，即使哭也是默默流泪的那种。因为她怕自己的不坚强会影响儿子的求生欲。

她肝疼得整夜整夜睡不着觉，但她忍着不呻吟或小声呻吟，因为她怕让儿子为自己担心。翻来覆去的夜晚，辗转反侧的心情。

她被邻居抬上去医院的车时，还在大口大口地吐着鲜血。一个"还"字说明她上车前已经开始口吐鲜血。但她一直忍着不当着儿子的面吐血，因为她还要给儿子希望和力量。

她甚至忍着不死，她希望能跟自己瘫痪的儿子"在一块儿，好好儿活"。

她一直忍着，用她的整个生命去忍。"忍"为"心字头上一把刀"，听来容易，实践起来却何其艰难。

唉，母亲啊，你到底要忍到什么时候呀？

这篇文章的字里行间都充满了真情与感动，但更多的却是痛悔与愧疚。

在史铁生摔东西，大吼大叫，一次次拒绝母亲陪他看花的请求时，他不知道自己的母亲已经命不久长。当母亲扑过去抓住他的手，还要忍着哭声跟他说"咱娘儿俩在一块儿，好好儿活，好好儿活"时，他也不知道他的母亲看他的眼神有多慈爱就有多悲怆。

母亲走了，一去无消息。虽然史铁生领悟了人生的真谛，知道无论如何，人都要"好好儿活"，但母亲永远都不会再回来。她再也不会去地坛各个树影下寻他，再也不会挡住他眼前的落叶，再也不会乞求他陪她去看花，再也不会了。

她终于不用再"忍"了。

史铁生说自己"绝没有想到那竟是永远的诀别"。是啊，生离陡然变为死别。个中感受，只有当事人才能体会。

有些人，你根本连跟她说声对不起的机会都没有。刚说再见，竟真的再也不见。《秋天的怀念》也好，《合欢树》和《我与地坛》也罢，无论写得如何情真意切，母亲也永远都看不到听不着了。什么叫顿足捶胸追悔莫及？什么叫早知如此何必当初？这应该就是吧。

史铁生后来懂得"儿女的痛苦在母亲那里都是加倍的"。但在当时，他却只知道自己最可怜也最不幸。母亲忍着不死，只为让儿子好好儿活。她临死前心心念念的还是一对儿女，却没有为自己留下只言片语。这是不是就是一个女人成为母亲之后的宿命？

"黄色的花淡雅，白色的花高洁，紫红色的花热烈而深沉。"这花儿多么像母亲，既淡雅高洁，又对儿女爱得热烈而深沉……母亲一次次请求他去看花他不愿去，等到他能以热爱生活的心态去看花时，母亲却已经不在人世。物是人非事事休，欲语泪先流。

母亲以生命的代价换来儿子生命的重生。虽说母亲必定是无怨无悔的，但做儿子的史铁生呢？

不要以为每次你喊娘时，都能得到回应。

有多少爱可以重来？有多少人愿意等待？

"树欲静而风不止，子欲养而亲不在。"质朴至极，却也深刻至极。每个为人子女者都应该让自己成功的速度超过父母老去的速度。如果不懂这个道理，势必追悔莫及。

2010年，史铁生也离开了人世，我想，如果有可能，当他在另一个世界寻得他苦命的母亲时，他一定会由衷地说一声："妈妈，对不起！儿子错了！"

而那位母亲，那位伟大的母亲，会终于忍不住潸然泪下，还是会报以宽慰的笑容呢？

2018-10-08

走向生命的圆满

——读莫怀戚《散步》

没有炫目的修辞手法，没有穿插其中的名言警句，没有倒叙、插叙设置悬念，不无病呻吟也不故作深沉，在朴实的路上一走到底。可是，就是这样一篇不到七百字的小散文，却感动了一个又一个读者。看来，美好的东西，真的不需要太多的雕饰。就像清风与明月，花香与流水。

这不仅仅是一次地理意义上的散步，也是一次亲情之旅、人性之旅、生命之旅。

先说其中的亲情与人性。

此文写于1985年，当时莫怀戚的父亲去世不久，母亲处在丧偶综合征中，情绪不稳定，需要子女的陪伴方能安稳度过。所以莫怀戚带母亲散步不仅是为了母亲的身体，也是为了宽慰母亲的心。

母亲本不愿出来的；她老了，身体不好，走远一点儿就觉得累。我说，正因为如此，才应该多走走，母亲信服地点点头，便去拿外套。她很听我的话，就像我小时候很听她的话一样。

看母子之间的这份默契与相互信赖，读来实在动人。什么是"默契"？默契就是心灵相通，彼此配合得好。只因是你，便无须多言。看似简单，但要达成这种默契，却需要多年的相处与磨合。"母亲信服地点点头，便去拿外套"，多么"顺从"而又可爱的母亲，多么"强势"而又孝顺的儿子。

"我"是孝顺的，在遇到自己的儿子想走小路而自己的母亲想走大路时，"我"想到小路不好走，而且陪伴母亲的时日较短便决定委屈儿子而走大路。母亲是善解人意的，他看到儿子如此孝顺贴心，又看到小孙子想走小路，便决定走小路，并且贴心地打消我的顾虑——"我走不过去的地方，你就背着我"。

伴着老母，带着妻儿，在春天的田野上一起散步，吹着风，闻着花，看着绿草，你尊重我，我体谅你，其乐融融，幸福满满。

文中对妻子和儿子虽然着墨不多，但看儿子说出"前面也是妈妈和儿子，后面也是妈妈和儿子"这样俏皮而机灵的话语，看妻子在外面听我的，并且在母亲和儿子有分歧时选择不发一言让"我"来决断时的贤惠与体贴，再加上我伴着母亲走在前面以方便照顾老人的贴心，母亲决定走小路前摸摸孙儿小脑瓜时的亲昵，一家四口浓浓的亲情，"我"的孝顺、母亲的慈爱、儿子的纯真和妻子的善美已尽在不言中。

再说其中的生命意识。

天气很好。今年的春天来得太迟，太迟了，有一些老人挺不住，在清明将到的时候死去了。但是春天总算来了。我的母亲又熬过了一个严冬。

两个"太迟了"，再加上后面的"总算"和"熬过"，"我"对母亲的担忧之情跃然于纸上，敬畏生命，珍视生命。

大块儿小块儿的新绿随意地铺着，有的浓，有的淡；树枝上的嫩芽儿也密了；田里的冬水也咕咕地起着水泡……这一切都使人想着一样东西——生命。

生命，是上天绝无仅有的一次赐予，自然万物的生命，人的生命，都是如此。所以要欣赏生命，热爱生命。

除了敬畏、珍视、欣赏、热爱生命，我们还要担起生命的责任，做好传承。我们来看很容易被人忽略的文章的第一段。

我们在田野上散步：我，我的母亲，我的妻子和儿子。

这句话其实完全可以改为"我们在田野上散步：我，母亲，妻子和儿子"。为什么一定要加上"我的"呢？我认为那是因为我是一家四口的纽带人物，而且是一家人的决策者。"我的"这两个字里既有满满的骄傲与幸福，又有沉甸甸的责任。

文章的最后，我和妻子分别背起母亲和儿子，那般仔细谨慎，又那般郑重庄严。三代人，因为这背与被背而联系到一起，融合在一起。中年人要敬老爱幼，做好传承。这般责任，这种使命，可不就是整个世界的重量么？

上有老，下有小，当然是一种负担，但却是一种甜蜜的负担。不信你看作者笔下那金色的菜花，那整齐的桑树和水波粼粼的鱼塘。你看那田野，你看那太阳，你看那一家四口幸福的脸庞。

而且，若没有这份负担，那轻飘飘的生命的意义又在何处呢？

生命是什么？生命是牵挂与被牵挂、爱与被爱的交集。幸福亦然。

· 走向生命的圆满 ·

  我也已人到中年,背起肩上的世界,守护身边的幸福,履行传承的使命,领悟生命的意义。生生世世未了情,聚聚散散皆是缘。既然如此,就心中有爱、眼里有光地伴着我们在乎的人仔细地走下去吧,必要的时候,就像莫怀戚一样把他们背起来,谁都离不开谁,谁都放不下谁,走向幸福,走向生命的圆满。

2018-10-13

最好的安排
——读鲁迅《从百草园到三味书屋》

汪国真写过一首《人不长大多好》：

人不长大多好，就可以用铁钩，滚月亮。就可以蹲在地上，弹星星。就可以把背心一甩，逛银河。人不长大多好，哪怕有茶叶一样香的朋友，哪怕有美酒一样醇的恋人，哪怕有野草莓一样鲜红的事业。人长大了，烦恼总是比快乐多。

读完鲁迅先生的《从百草园到三味书屋》，也由衷地产生这种感觉——人不长大多好。哪怕爱皱眉、常忧虑、愤世嫉俗、悲天悯人的鲁迅先生也跟我们一样，有着这样让人忍不住屡屡回首的童年。

看他按斑蝥，拔何首乌，怕美女蛇；看他雪天捕鸟，课堂开溜，课桌描画。真是好玩儿又有趣。看他一本正经地说听了美女蛇的故事就再也不敢应生人的话，看他和一众同学把圣贤之言读得乱七八糟，看他对教书先生那种又敬又怕又觉得好笑的复杂心绪,典型的儿童视角,真实的情景再现。

童年的美好在于没心没肺没烦恼。童年的可贵在于它的不知不觉而逝去。

童年相信神话传说中的嫦娥、悟空、哪吒真实存在,童年相信童话里的灰姑娘、白雪姑娘、海的女儿确有其人。纯纯的相信,纯纯的快乐。光良唱"童话里都是骗人的",可是如果没有这骗人的童话,童年的美好一定大打折扣。充满好奇心的小鲁迅当然相信这世间有美女蛇一类的妖邪,也有金蜈蚣一样扶正祛邪的勇士。美好的故事固然令人神往,惊悚的故事固然令人害怕,但在那份对美女蛇的恐惧中,小鲁迅也一定有着越害怕越刺激的属于儿童的心理体验。儿童最需要的,本就是一次又一次新鲜有趣的刺激呀。

有研究者称百草园的生活和三味书屋的生活是对比着写的,三味书屋束缚了儿童的天性,委婉地表达了鲁迅先生对腐朽教育体制的批判。不好意思,我怎么读也读不出来。我觉得鲁迅先生的老师虽然是个老学究,但是很可爱。而且,当时又有几个先生不是老学究呢?老学究也比装着有文化要强。放眼当下,我辈中又有多少老师会这样用心动情地读书呢?他和蔼慈祥,有戒尺但不大用。他方正严肃,渊博厚重。怎么就腐朽了?

再说他哪里束缚学生了?难道他应该每堂课都上成体育课或野生动植物研究课才算解放天性么?

面对这样一位老先生,我由衷地敬重、喜爱,更多的则是佩服。

何况,这就是一篇忆童年的文章好吗?

我们总不能一提到鲁迅先生就得是针砭时弊、匕首投枪吧?他也经历过童年呀。他也可以简简单单地朝花夕拾、回忆往事呀。先生活得已经够沉重了,又为何在他为数不多的忆童年的篇章中加入这样所谓深刻的主题呢？

世上本无事，庸人自扰之。

鲁迅先生朝花夕拾，他不想长大。可是时间犹如河中水，只能流去不能回。我们总还是要告别童年，走向成熟。

看鲁迅先生在铁屋子里呐喊于生人中，而生人并无反应；看鲁迅先生以战士之姿，荷戟独自彷徨在战场之上；看他说出"救救孩子"时的焦灼；看他写出"另一棵还是枣树"时的孤独。我真的敬重他，却也真的心疼他。童年终归要远走，我们不能不长大。

百草园的乐趣也好，三味书屋的新奇也罢，都已交付那窗外的碧树，而碧树，终将无奈面对那必将到来的西风。

"让我们荡起双桨，小船儿推开波浪"和"请把我的歌，带回你的家"，变成了"每天走在疯狂逐梦的大街上，我们精神褴褛却又毫无倦意"和"我想回头望，把故事从头讲。时光一去不返，人生已不再来"。

可是无论怎样，我们毕竟曾经拥有过那碧绿的菜畦、肥胖的黄蜂、低唱的油蛉和弹琴的蟋蟀。我们曾经调皮过，曾经使坏过，曾经傻傻地哭过笑过。这便够了吧。

往前看，不必愁云惨淡。回头望，也不必惘然若失。此时便是良辰，此地便是乐国。

宠辱不惊，花开花落。去留无意，云卷云舒。一切，都是最好的安排。

2018-10-22

我愿永做您淘气的孩子
——读泰戈尔《金色花》

古今中外的好文章成千上万,能选入课本的必定是难得的好文章,哪怕是自读课文。

泰戈尔的《金色花》就是一篇自读课文,选自老先生的《新月集》。自读课文不安排课时,但我还是自作主张地与学生一起就这篇三百来字的文章品读了一节课。

这是怎样的一个孩子呀!

作者开篇便说"假如我变成了一朵金色花",照应题目,而且迅速进入情境。它"长在那棵树的高枝上,笑嘻嘻地在风中摇摆,又在新叶上跳舞",让读者一看就能感受到这金色花既有花朵的特质,又有小孩子的特质。这与蒲松龄《促织》中成名儿子幻化的小蟋蟀有异曲同工之妙。作者迅速进入情境,也带领着读者迅速进入情境。

"妈妈,你会认识我吗?"这句发问,调皮又有趣。更有趣的是如果妈妈问他在哪里,他会"暗暗地在那里匿笑,却一声儿不响"。但他不是单纯地想寻妈妈开心。你看他闹虽闹，却不忘悄悄地绽放花瓣儿，为妈妈送去芳香。

调皮是孩子的天性，但只要心中有爱，这调皮也是一种可爱啊。

泰戈尔在其《新月集》另一篇《婴儿之道》中写道："婴儿有成堆的金银珠宝，但他却像个乞儿一样来到这个世界。"因为他们要乞求妈妈对他们"满溢的爱"。在另一篇《结束》中以孩子的口吻说道："如果你清醒地躺在床上，在深夜仍想着你的孩子，我便会在星空对你吟唱：'睡呀！妈妈，睡呀。'乘着游移的月光，我偷偷地来到你床上，趁你睡着时，躺入你怀中。"

调皮的孩子，可爱的孩子，对妈妈"索求无度"的孩子，对妈妈极度依恋的孩子。

这是怎样的一位妈妈呀！

这位妈妈在沐浴后，会"湿发披在两肩，穿过金色的林荫，走到做祷告的小庭院"，给人的感觉那样雍容而又温婉；这位妈妈会"吃过午饭，坐在窗前读《罗摩衍那》"，给人的感觉那样知性而又安详；这位妈妈会在黄昏时"拿了灯到牛棚里去"，给人的感觉那样勤劳而又从容。

这位母亲，多像圣母玛利亚。

泰戈尔在其《新月集》另一篇《开始》中以母亲的口吻说道："当我凝视你的脸蛋儿的时候，神秘之感淹没了我；你这属于一切人的，竟成了我的。"她说："因为怕失去你，我把你紧紧地搂在怀里。是什么魔术把这世界的宝贝牵引到我这纤细的臂膀中来的呢？"

知性的母亲，安详的母亲，勤劳从容的母亲，将孩子当作神的礼物的母亲。

这是怎样的一对母子呀！

开篇的"妈妈，你会认识我吗"和"孩子，你在哪里呀"这两句话，看似普普通通，却洋溢着浓浓的温情。尤其妈妈找孩子前"叫道"

这两个字，透露出一个妈妈对孩子的担心与牵挂。结尾"你到哪里去了，你这坏孩子"和"我不告诉你，妈妈"的对话又表现出母子二人深沉的默契。母亲的"坏孩子"三个字似怒实嗔，儿子的"不告诉你"四个字则调皮又显亲密。

"小小的""暗暗地""悄悄地"三个叠词把个小孩子的娇小、调皮与对妈妈的依恋活画了出来。看到这三个叠词，再想想泰戈尔先生那一把大胡子，总是忍不住想笑。

美好的场景，美好的母子，美好的情感，多像那朵美好的金色花。

人这一辈子，如果永远可以在一个人面前撒娇淘气，该是一件多么幸福的事。

我常在我的老母亲做饭时悄悄走到她身后，静静地看着她。她也常常在转身发现我后嗔怪着说："干吗呢？木头桩子在那里吓老娘。"我的老母亲 65 岁了。因为气血不畅的原因，她的一只手是热的，另一只手却是凉的。我有时会握住她那只发凉的手，笑着问她最近感觉身体怎么样，她总是甩开我的手说："娘没事儿，别瞎担心。"

我变不成一朵金色花，但是，娘啊，我愿永做您淘气的孩子。您愿意么？

2018-10-22

每个人身上都有太阳
——读让·乔诺《植树的牧羊人》

苏格拉底说:"每个人身上都有太阳,我们要让它发光。"可惜很多人并不能知觉到这一点,一辈子浑浑噩噩,庸庸碌碌,生如蝼蚁,死如埃土。

我们不妨问自己:

狂风呼啸,大地荒凉。如果身处牧羊人那样恶劣的自然环境,我们会种树吗?反正牧羊人会,他不仅会种树,而且会认认真真地种树,一丝不苟地选种。自信,平和,有条不紊。

失去独子,妻子去世。如果生逢牧羊人那样悲惨的人生境遇,我们能振作吗?反正牧羊人能,他不仅能化悲痛为力量,而且能将这力量用到实处。没有妻子、孩子,就把树当成妻子、孩子。

一人独处,无人监督。如果采用牧羊人那样孤独的生活方式,我们会自律吗?反正牧羊人会,他不仅不抽烟不邋遢,而且该吃吃该喝喝,吃饱好干活儿。绝不自暴自弃自轻自贱。我心有主,孤独而又高贵。

三十多年，专注一事。如果重复牧羊人那样单调的工作内容，我们能坚持吗？反正牧羊人能，他不仅坚持了一阵子，而且坚持了一辈子。润泽了一方水土，召唤了一方百姓。换地的同时也成功地改了天。

作者认为牧羊人做到了上帝才能做到的事儿，实在不算夸张。

一辈子，一件事。

说来容易，做来很难。

文章用鲜明的对比来凸显主人公的力量与光辉。

如大环境与小人物的对比，前后环境的对比，"我"与主人公的对比，等等。大环境如此恶劣，牧羊人如此渺小。但就这样一个小人物却改变了大环境。干燥的风变为了湿润的风，不毛之地变为了成荫绿树，干涸之地涌出了甜美泉水。总之，恶劣的环境变为了宜居之地。人生的"失意"变为了人生的"诗意"。"我"被狂风吹得东摇西晃，牧羊人却可以像一棵枯树一样坐在那里。"我"慌张失措，牧羊人自信平和。不是这样的人，又怎么可能让一个地方，发生这样大的变化？！

文章的比喻很见功力且意味深长。

如初见牧羊人时，作者说牧羊人"就像这块不毛之地上涌出的神秘泉水"，既写出了牧羊人泉眼一般施惠于人的慷慨，又为后文此地果然涌出了泉水作了铺垫。"神秘"二字既能调动读者的好奇心，又能暗示牧羊人是"神"一般的存在。真是妙极了！如第二次见牧羊人时作者写眼中的白桦树"棵棵鲜嫩、挺拔，像笔直站立的少年一样"，既写出了白桦树的英姿，又能暗示牧羊人的工作已初有成效，且能说明这项工作做的时间还不那么长，所以是"少年"而非"中年"。这样还能巧妙照应上文老人失去了孩子，以种树作为情感寄托。这些树木也正像老人新生的孩子一样在茁壮成长。比喻修辞用到这个水平，就我所读所见，罕有其匹。

当然文章最打动我们的还是这位老人身上人性的光辉，也就是太阳的温度与力量。

我们有抱怨生不逢时的，有咒骂怀才不遇的，有讨厌生活单调的，有嫌弃资源匮乏的，于是我们理直气壮地纠结、痛苦、绝望、放弃，甚至理不直也照样气壮，越堕落越快乐，越放纵越开心。我们早忘了自己身上其实一直藏着一颗太阳，任那层层乌云般的不良情绪将我们层层笼罩，黑云压城城欲摧。

累赘太重，思虑太多，就无法轻装上路，更无法走到圆满。当我们如此彷徨沮丧时，牧羊人在做什么呢？他想得简单，做得细致，活得真实。无惧无畏，无愧无悔。不卑不亢，不慌不忙。

大道至简，人生至味是清欢。

每个人身上都有太阳，请不要让它悄悄燃起又悄悄熄灭，悄悄孕育又悄悄流产。不浪掷时光，不辜负生命。燃起身上的太阳，彰显身为万物之灵的"人"的高贵。

2018-12-03

生命本就是一次次尝试
——读莫顿·亨特《走一步，再走一步》

《走一步，再走一步》，原名《悬崖上的一课》，作者是美国的莫顿·亨特。文章主要记叙了小亨特体弱怯懦，一次他跟随伙伴攀登悬崖，由于害怕，上不去下不来，陷入窘境，但最终通过父亲的鼓励得以脱险的故事。可以说是非常简单易懂的一篇文章，无非说明了一个将困难分解，困难就不再那样困难的道理。但是如果我们反复品读，还可以读出很多东西。

我们可以读出一个父亲教育孩子的智慧与勇气。

智慧好理解，他指导孩子将困难进行分解，分解到能具体操作的程度。勇气呢？要知道石架大约7米高，扛梯子来爬上去把孩子抱下来无疑更稳妥。但这位父亲选择的是指导孩子，让孩子一步步自己走下来。试问有没有风险？如果孩子非常懦弱不敢尝试，或孩子紧张过度一脚踩空呢？

这份放手让孩子去尝试并敢于担当的勇气，并不是每个家长都能做到的，尤其咱们中国的家长。

我们可以读出朋友对我们的重要意义。

"一个人走得快，一群人走得远"的说法是有道理的。杰里是小亨特最好的朋友，如果不是杰里把小亨特的父亲喊来，我们真的不敢想象后面会发生什么。无论如何，人不能混到没朋友。当然，交到一个最好的朋友，就不能轻易怀疑他（她）。杰里虽然也跟小伙伴们离开，但是他并未弃小亨特于不顾，而是搬来了救兵——亨特的爸爸。

坦诚与信任是交到最好朋友的绕不过去的途径。

我们可以读到身边环境对人物心理的影响。

"时间在慢慢地过去。影子在慢慢拉长，太阳已经没在西边低矮的树梢下，夜幕开始降临。周围一片寂静……""暮色中，第一颗星星出现在天空中，悬崖下面的地面开始变得模糊。"这两处环境描写勾勒渲染了当时冷清肃杀的氛围。别说身处其中上不着天下不着地的小亨特，就连文字外的读者都能感受到一种森然的寒意。以环境烘托心境，以环境的寂然无声写人物内心的恐惧翻腾。有些像日本恐怖片中常用的心理暗示的手法。

我们可以读到以反真实来写真实的笔法。

文中写处于困境已经晕眩的我"听见有人在哭泣、呻吟；我想知道那是谁，最后才意识到那就是我"。按理说人无论如何也不会对自己发出的声音判断失误。这样写无疑是反真实的。但也正是这反真实，恰恰彰显了小亨特在极度恐惧中精神恍惚意识麻木的真实感。可谓细致入微，代入感极强。作家毕飞宇在他的《小说课》中《"走"与"走"——小说内部的逻辑与反逻辑》一文里写道："因为小说有自己的逻辑，作家只能顺着它写。"很明显，《走一步，再走一步》的作者就是顺着文中主人公的思维逻辑来梳理自己的逻辑的。还有个例子也很能说明这一点。林超贤导演的电影《红海行动》中有这样一个片段：

生命本就是一次次尝试

激烈交火中，中方一名士兵发现地上有一截断指，愣了一下才恍然意识到是自己的。这种反真实，更能真实体现人物在激烈交火时的专注，专注得忽略了痛感。

当然，我们更可以读出勇于尝试的必要性。

不试一试，我们如何知道一件事我们做不做得到呢？某书对全国60岁以上的老人抽样调查最后悔的事情是什么。75%的老人写的是后悔年轻时努力不够，导致一事无成。这个答案是所有答案中占比最大的。我认为这个努力不够，很多时候其实就是不敢尝试。为什么不敢尝试？因为他们觉得即使尝试去做了也肯定做不到，所以干脆不做。这种把困难夸大的心理，是一种消极的自我保护心理。当然还有一种更容易理解的说法——懦弱还不愿承认的心理。按周国平先生的说法就是"不老实的自卑"。

美国"二战"时的领袖富兰克林·罗斯福说："最值得恐惧的是恐惧本身。"他说的实在是对极了。

生命本身就是一次次尝试。不去尝试，小亨特下不了山；不去尝试，小马也过不了河；不去尝试直立行走，我们现在还在以猿猴的形象在地上爬行；不去尝试发明文字，我们哪里能读到这么多的好文章？

你可以体弱，但不应懦弱。试试看，走一步，再走一步。走慢点儿没关系，每天进步一点点就是新突破。至少，不要还没开始就大喊脚疼。

2018-12-03

有感于斯文

将爱传递
——读海伦·凯勒《再塑生命的人》

老师安妮·莎莉文来到我家的这一天,是我一生中最重要的一天。这是1887年3月3日,当时我才六岁零九个月。回想此前和此后截然不同的生活,我不能不感慨万分。

这是七年级上册课文《再塑生命的人》的第一段。如果我问你一生中最重要的一天是哪一天,也许你会脱口而出,也许你会思忖良久。但像海伦·凯勒这样把自己的老师来到自己家的那天定为生命中最重要的一天,估计并不常见。一个人,改变了另一个人的一生,使黑暗、无知、乖戾变为光明、智慧、平和。这样的人可以称之为上帝或佛祖了吧?

"像明天就要失去那样去利用你的眼睛。"这是海伦·凯勒女士的一句名言。那么就让我们利用好我们的眼睛,好好品读一下这篇《再塑生命的人》吧。

这篇课文主要塑造了两个人物，一个是海伦的老师安妮·莎莉文女士，一个是海伦自己。

安妮·莎莉文女士是一位极其有爱心，极其有耐心，又极其有智慧的家庭教师，或者说教育家。没有非凡的爱心就不会有非凡的耐心，而没有非凡的爱心与耐心，也就无法催发出非凡的育人智慧。爱心、耐心和智慧这三种特质几乎是每一个取得非凡育人成就的老师所共有的。

海伦的父亲本来对女儿是不抱任何希望的，但海伦的母亲坚持要海伦的父亲给波士顿的一家盲人学校写信求助。校方为海伦派来一位家庭教师，这就是安妮·莎莉文老师。爱的接力棒由海伦的母亲手里传到了安妮·莎莉文手里。两位有爱的女人，联手成就了这个可怜的孩子。

海伦的母亲是对的，因为她等来了安妮·莎莉文这样负责的老师。你看安妮给海伦带来的感觉"以为是母亲"，紧接着，安妮握住海伦的手，然后紧紧地将这个可怜的孩子抱在怀里。握手是了解的开始，而拥抱则直接消弭了彼此的距离，何况还是紧紧地拥抱呢。海伦隐约感觉到"她就是那个来对我启示世间的真理、给我深切的爱的人"。能给一个处于愤怒、苦恼、疲惫不堪状态的孩子带来这般感受，可见安妮那母性的光辉。这母性的光辉，就是爱呀。

文中那句"阳光穿透遮满阳台的金银花叶子，照射到我仰着的脸上"写的不正是安妮对海伦那如阳光如花朵般温暖芳香的母爱么？

可以说在安妮·莎莉文与海伦的第一次见面中，教育就已经开始了。

可是当海伦的父亲得知安妮·莎莉文刚从盲校毕业，也几乎是个盲人时，内心是无法接受的。海伦的母亲则不然，她对这位老师充满期待。我不知道海伦母亲为何会对一位素未谋面的老师如此信任。是抱着一种死马当活马医的悲壮心情，还是一见安妮紧紧拥抱自己可怜的女儿就萌生好感呢？不管怎样，安妮开始了自己的教育之路。这条路关乎海伦的未来，也关乎安妮的尊严。

第二天，安妮开始实施自己的教育计划。她送给海伦布娃娃，教她拼写单词。她不因海伦分不清"杯"与"水"而焦躁，更不因海伦摔坏了布娃娃而恼怒。她不是一味堵塞，而是注重疏导。面对盲聋哑孩子的这份耐心，世间少有。

我实在有些不耐烦了，抓起新布娃娃就往地上摔，把它摔碎了，心中觉得特别痛快。发这种脾气，我既不惭愧，也不悔恨，我对布娃娃并没有爱。在我的那个寂静而又黑暗的世界里，根本就不会有温柔和同情。

小女孩儿一般都会喜欢布娃娃，甚至有的小姑娘不抱着布娃娃就睡不着觉。但海伦却将布娃娃摔碎泄愤。强烈的对比，勾勒出一个丝毫不知温柔与同情的人，而这样的人其实就是一个野蛮人。面对这样一个盲聋哑又野蛮的小女孩儿，安妮的压力可想而知。

可是感到压力是不能解决任何问题的。一个活在黑暗中的孩子，世界对她而言基本上等于零。让这样一个孩子重拾希望，最好的办法就是让她能感知这个世界，感知到这个世界，也就相当于重见光明。给了她光明，也就相当于再塑了她的生命。海伦自己也说："朋友，你可曾在茫茫大雾中航行过，在雾中神情紧张地驾驶着一条大船，小心翼翼地缓慢地向对岸驶去？你的心怦怦直跳，唯恐意外发生。在未受教育之前，我正像大雾中的航船，既没有指南针也没有探测仪，无从知道海港已经临近。"

安妮当仁不让地充当了海伦的指南针和探测仪。她要让海伦这艘航船穿云破雾，拥抱朝阳！

安妮曾因与海伦抢夺玩偶而被海伦打耳光，曾因她执意教海伦文明礼仪而被想对海伦放松要求的海伦的家人误解。安妮只是想忠于自己的事业，忠于自己的良知，却数度孤立无援。她也曾失望难过，也曾抽泣流泪，但她始终未曾放弃。是的，始终未曾放弃。

我搜到了与安妮·莎莉文女士密切相关的两封信，当然，也与海伦·凯勒的一生密切相关。

"亲爱的安妮，别来无恙？寄上凯勒先生的来信，请你仔细看一看。凯勒先生为他又聋又盲的小女儿海伦寻求一位女家庭教师。你有兴趣应征吗？请来信告诉我。请代问霍布金太太好！祝快乐！你的朋友：安那诺斯。"

说实话，20岁的安妮·莎莉文并不喜欢这份工作。但是为了糊口，她别无选择。第二天她写了回信。

"亲爱的安那诺斯先生，谢谢校长的培育和关怀。经过慎重考虑后，我诚心接受您所提供的职位……"

我们可以想象么？一个原本并不喜欢这项工作的人，竟把这项工作做到了极致。敬业就是敬自己。成就他人就是成就自己。每次读安妮的回信，我都赞叹不已。

这是怎样一个高贵而执着的灵魂啊！

随着"水"这个单词的学习，海伦终于懂得了万事万物都有自己的名字。那一刻，她宛如获得新生！她试图将布娃娃拼凑起来，虽然没有成功，但平生第一次想去悔恨，第一次懂得了什么叫心疼。

只有有智慧有良知的人才懂得去悔恨，去心疼。

海伦说："那一天，我学会了不少字，譬如'父亲'（father）、'母亲'（mother）、'妹妹'（sister）、'老师'（teacher）等。这些字使整个世界在我面前变得花团锦簇，美不胜收。记得那个美好的夜晚，我独自躺在床上，心中充满了喜悦，企盼着新的一天快些来到。啊！世界上还有比我更幸福的孩子吗？"

海伦的世界变得花团锦簇，安妮的世界也变得芬芳四溢。海伦是安妮第一个学生也是唯一的学生。安妮老师来到这个世上，好像就是为了完成拯救学生海伦这一件事。

一个几乎是盲人的人用自己的一生拯救了另一个全盲的人。一个人，一辈子，一件事，一生情。除了肃然起敬，除了敬若神明，我们又能怎么样呢？泰戈尔说："我们唯有献出生命，才能拥有生命，"安妮·莎莉文不就是这样一个献出生命而使自己的生命价值完美彰显的人么？

我们可能不知道，这个故事还有上文。安妮·莎莉文年幼时因精神病在救济院生活。救济院多数人对她并不友好，他们甚至把安妮关到了这座建筑的最底层——阴暗潮湿的地下室。那里有数间囚笼似的小牢房，安妮就被关在其中的一间里。她又抓又咬又叫，还拿食物砸人。有一位年老的清洁女工对安妮十分同情，她烤了一些巧克力果仁小蛋糕，放在安妮的笼子前。由于害怕安妮拿蛋糕砸人，她快步走开了。可安妮并没有砸人，反而津津有味地吃了起来。从此，安妮和那位女工成了好朋友。

海伦·凯勒后来成为美国著名的教育家、作家、社会活动家、慈善家。她的励志故事和慈爱情怀激励和感动了无数人。她的成功离不开为她付出毕生心血的老师安妮·莎莉文，而安妮·莎莉文能恢复健康则离不开那位年老的清洁女工。那位清洁女工怎会想到自己的爱心可以产生这一连串的神奇反应呢？

爱，是可以传递的啊。

《围炉夜话》中说："肯救人坎坷中，便是活菩萨。"海伦·凯勒无疑是伟大的，她那如活菩萨一般的老师安妮·莎莉文也是伟大的，那位再普通不过的清洁女工同样伟大。因为——那种在他人处于困境中献出的无所畏惧又无所祈求的爱是伟大的。

当海伦终于用她的方式唤出"老师"这个称呼时,安妮会不会泪流满面呢?

哭出来吧安妮,哪怕你哭花了脸,你也是这世间最美的老师!

2018-04-09

有感于斯文

信仰是朵向阳花
——读陆定一《老山界》

赏析《老山界》，首先要知道长征是什么。1934年10月，第五次反"围剿"失败后，中央主力红军为摆脱国民党军队的包围追击，被迫实行战略性转移，退出中央根据地，进行长征。长征是人类历史上的伟大奇迹，中央红军共进行了380余次战斗，攻占700多座县城，牺牲了营以上干部430余人，这些干部的平均年龄不到30岁，其间红军共击溃国民党军数百个团，共经过14个省，翻越18座大山，跨过24条大河，走过荒草地，翻过雪山，行程约25000里。1936年10月，红军三大主力会师，标志着万里长征的胜利结束。

如果让我们写长征，我们该怎么写？它太宏大，也太伟大；它太凄美，也太壮美。拿出任何一处来写，都可以感人肺腑。选材就是一个很大的问题，而《老山界》却为我们提供了一个选材的经典范例。

如文中所说"老山界是我们长征中所过的第一座难走的山"。第一座，有纪念意义；难走，有记录意义；山，有征服意义。这个选材无疑是聪明的。不过问题又来了，写爬山的文章有的是，如何能让这篇文章与众不同呢？这的确需要智慧。

文章第一句话是："我们决定要爬一座三十里高的瑶山，地图上叫越城岭，土名叫老山界。""我们"是翻越老山界的主体，"老山界"是被翻越的对象且照应题目，"决定"则看出"我们"爬老山界的决心。这个开头，简单明了，轻描淡写，读来却有千钧的分量。30里即15000米，即使平地徒步，也是不短的一段距离，何况还需要登高，何况还带着各种行军装备呢，难度可想而知。这个"决定"，实在了得。

翻越老山界之前，作者先写前面走不动了，走几步就要停下来。至于为何走不动，则给了读者充分的联想空间。天色晚，肚子饿，又走不动，结果便是："许多人烦得叫起来，骂起来。"由此看出，红军也会烦，也会爆粗口，也有着普通人的正常反应。但若继续写走不动，骂街，肯定不行。直接忽略掉这一段又不够真实，那怎么办呢？

作者的办法是写一家瑶民。这样既能照应第一段提到的"瑶山"，照应队伍走得慢，因为若走得快就不可能有与瑶民攀谈的时间，又能为红军受人民拥护找到生动的例证，还能使节奏有张有弛，引人入胜。可谓一举多得！

瑶家的男人听到有队伍来就会躲，女主人哪怕听到"大嫂"这样客气的称呼也会"带着惊惶的神情"。兵灾之可怕可见一斑。这与一千多年前杜甫《石壕吏》中的"老翁逾墙走，老妇出门看"颇为神似。

朴实的瑶家女主人听到"我们"谈及的瑶民的种种遭遇，便哭了起来。中国的老百姓其实是极容易统治的，上千年男耕女织的生活方式形成了我们安土重迁的文化心理。若不是实在活不下去，没有人愿意离开故土，远走他乡；更没有人愿意揭竿起义，铤而走险。

朴实的女主人知道红军是什么之后，擦干眼泪，拿出仅有的一点米为"我们"做饭，还为没有更多的米和更大的锅煮出更多的饭而抱歉，给钱也不要，朴实得让人心疼。每次读到这个片段我都会想：历朝历代那些忙着抢地盘的有枪之士，为何不善待这些既朴实又无力的老百姓呢？

但世界往往就是这个样子：你越朴实无力，就越会受欺负。而愿意去尊重这朴实无力的劳苦大众的人，势必会成为众人拥戴的对象。这是天道！

文中写道："好容易来了一个认识的同志，带来一袋米，够吃三天的粮食，虽然明知道前面粮食缺乏，我们还是把这整袋子米送给她。"自己粮食缺乏，却愿意全部拿出来送与百姓，这样的军队，的确可以称之为人民的军队。

文中还写道："她的房子和篱笆都是枯竹编成的，我们生怕有人拆下来当火把点，就写了几条标语，用米汤贴在外面显眼的地方，告知我们的部队不准拆篱笆当火把。"这让我想起了岳家军的那两条非常有名的军规——饿死不掳掠，冻死不拆屋。

粥喝了，路打听好了，知道前面是很陡的雷公岩，而且知道"我们"还没到山脚下。走到天黑才到山脚，翻越老山界，这才仅仅是开始，凶险而浪漫的故事，也终于拉开了序幕。

山有多陡呢？作者巧妙借用了星光和火把这两个意象，用这两个意象将天地相连。文中写道：

满天都是星光，火把也亮起来了。从山脚向上望，只见火把排成许多"之"字形，一直连到天上，跟星光接起来，分不出是火把还是星星。这真是我生平没见过的奇观。

这是作者生平没见过的奇观，相信也是多数生于和平年代的人们没见过的奇观。山如此之陡，如"之"字般曲折，"不由浑身紧张"的战士们却开起了玩笑。他们有的说不要落后做乌龟,有的说顶着天啦,而且还"哈哈地笑起来"。这顶天立地的熊熊火把,让我看到了红军长征那气贯长虹的斗志和我命由我不由天的革命豪情!这星星之火,势必燎尽大地;这哈哈笑声,定能震动苍天!

读到这里,感觉战士们肯定要一鼓作气,翻越老山界也翻越自己,没想到因为前面走不动,战士们接到了原地睡觉的命令。翻越老山界的笔墨当然应该集中在爬山上,但作者偏偏要在睡觉上做文章,而且大加渲染,不吝笔墨。

作者听到睡觉命令的心理活动是这样的:"就在这里睡觉?怎么行呢?下去到竹林里睡是不可能的。但就在路上睡吗?路只有一尺来宽,半夜里一个翻身不就骨碌下去了吗?而且路上的石头又非常不平,睡一晚准会疼死人。"相信这也是所有战士们的心理活动。在这儿睡,真要命;返回去,不可能;翻个身,会摔死;不翻身,会疼死。真是上也不是,下也不是,左也不是,右也不是。走累了能睡一觉本来是件幸福的事儿,在老山界就成了活受罪了。可是结果呢?战士们因为实在太过疲倦,竟然没多一会儿就都沉沉睡去,酣然入梦。这也充分证明了这场攀登有多辛苦。

本已酣然入梦,作者偏偏又写半夜忽醒。文势如神龙夭矫,盘旋上下,令人处处意想不到,真是好看。

寒气入骨,浑身打战,这时候应感到恐惧和困乏了吧?可作者竟能看到"天上闪烁的星星好像黑色幕上缀着的宝石",看到"黑的山峰像巨人一样矗立在面前"。星河璀璨,山峰壮美,没有浪漫的情调和多情的双眼,怎能在这样残酷的境遇中将这美景与壮景尽收眼底呢?而这壮美山河,又怎会轻易拱手于人呢?文中意象各有所用,每一个虔诚阅读的读者务必小心留意。

作者被冻醒,还有一些同志也被冻醒了。他们严守纪律,小声谈话，不影响他人。文中说"除此之外，就是寂静"。这是多么寒冷的寂静，又是多么温暖的寂静。作者细致入微地倾听着自然之音，感觉"极远的又是极近的，极洪大的又是极细切的"，这是山中听音的特殊体验，然后作者又连用四个比喻写这声音的奇妙多彩：像春蚕在咀嚼桑叶，像野马在平原上奔驰，像山泉在呜咽，像波涛在澎湃。

春蚕与山泉偏于低沉，野马与波涛则偏于高亢，不仅照应了上文中的"不可捉摸"，还用野马和波涛两个意象将战士们在寂夜里的情状具体化、可触摸化。野马奔驰，势不可当；波涛澎湃，崩云裂石。

看到的是银星与黑山，听到的是野马与山泉。作者视听结合，给我们营造了一个神奇的露营世界。

举火行军和半夜梦醒是全文的精华所在。因为互开玩笑与凝神视听，最能体现红军战士的乐观浪漫；而外部山河和内心天地的碰撞与对话，亦能彰显红军既亲近山河又战天斗地的壮志豪情。

衣食住行是人生必需。红军缺衣少食，睡眠危险，行路艰难，而且还有蒋介石的军队在围追堵截。如果没有坚定的信仰和必胜的决心，是绝无可能承受并战胜这一切的。作者开篇说他们决定要爬老山界。做决定没什么了不起的，了不起的是做了决定就去做，而且能坚持到底。更了不起的是还能那么乐观浪漫地看待发生在自己身上的一切以及眼前和耳中的种种景象。

读到这里其实不用往下读也会知道这支军队一定能战胜这座山峰，虽然后面他们碰到了只有一尺多宽、几乎是九十度的垂直的石梯；虽然他们知道有几匹马曾经从崖上跌下来，脚骨都跌断了；虽然他们知道前方还有二十里很陡的山；虽然他们肚子很饿，气力不够。但他们一定能笑到最后，因为他们有崇高的信仰，而崇高的信仰，是无坚不摧的。

"浓密的树林"和"银子似的泉水"是给下山的胜利者最简单又最丰厚的嘉奖，"用脸盆、饭盒子、茶缸煮东西吃"的习惯成为红军战士们一生的宝藏。

刘勰在其文艺理论著作《文心雕龙》中论述了道与文、情与采、真与奇、华与实、情与志、风与骨、隐与秀的关系。陆定一先生的《老山界》则全部具备，真是一等妙文。

老山界终于被征服了，但作者陆定一最后却说："我们走过了金沙江、大渡河、雪山、草地以后，才觉得老山界的困难，比起这些地方来，还是小得很。"以小见大，由此知彼，红军长征之艰难、之伟大、之空前绝后，已不言而喻。

一个个"之"字百转千回，描摹气壮山河的画卷；一名名战士千锤百炼，铸就惊天动地的史诗。

邓小平之女毛毛问他长征是怎么过来的，邓小平的回答是："跟着走。"

是的，跟着信仰走就好。信仰是朵向阳花，那朝向太阳的地方哪怕是老山界一样的悬崖峭壁，也是战士们坚定目光里的最美天堂！

2019-09-10

常常想起你
——读鲁迅《阿长与〈山海经〉》

人最终所拥有的财富其实只有回忆。谁的回忆又多又美好，便是这世间最富有的人。而那些时常进入我们回忆中并使我们眼角含笑心底生暖的人，定是上天送给我们的天使。出身卑微、行为粗陋的长妈妈便是鲁迅生命中的天使。

长妈妈的出身有多卑微呢？卑微到被称作保姆也算阔气；卑微到被叫一声长妈妈也算人们"似乎略带些客气"，本来就是"略带些"，还是"似乎"；卑微到连自己的名字都没有，文中的说法是："我家有一个女工，身材生得很高大，这就是真阿长。后来她回去了，我那什么姑娘才来补她的缺，然而大家因为叫惯了，没有再改口，于是她从此也就成为长妈妈了。"阿Q因为说自己姓赵而被赵太爷抽耳光，赵太爷的理由是阿Q不配跟他一个姓。长妈妈也是如此，不配拥有自己的名字。

长妈妈的行为有多粗陋呢？她会在背后"切切察察"议论别人的是是非非，鲁迅先生不惜用工笔来描画她的长舌妇造型：竖起第二个手指，在空中上下摇动，或者点着对手或自己的鼻尖。这个造型别说见到，想象一下也够败火的。她会动不动就向主母告状说"我"顽皮，这种爱打小报告的风格也确实不讨喜。她的睡姿就更粗陋了。文中写道：

一到夏天，睡觉时她又伸开两脚两手，在床中间摆成一个"大"字，挤得我没有余地翻身，久睡在一角的席子上，又已经烤得那么热。推她呢，不动；叫她呢，也不闻。

"摆"和"大"两个字把个长妈妈霸气彪悍的睡姿生动地描画了出来。女生睡成这个样子，确实不太合适，不对，应该是太不合适。躺在"床中间"就已经不考虑小鲁迅的感受了，本来就胖，还摆成一个"大"字，则纯粹是欺负人了。可问题是她还对此一无所知。你看她又"不动"又"不闻"，真是又重又懒，又聋又哑。妈妈提醒过她，"我"也提醒过她，结果却是在一次小鲁迅热得醒来的时候，仍然看见满床摆着一个"大"字，原来是把四肢摆在"床中间"，被告诫提醒后却成了"满床"，没有适时收敛，反而得寸进尺，我想心疼鲁迅先生一秒。这还不算惨，睡得昏天黑地的长妈妈竟然还把一条膀子搁在小鲁迅的脖子上。文中这样写先生当时的感受："我想，这实在是无法可想了。"翻译成现代人的语言就是无语了。我读这段时正在喝水，读到"实在是无法可想"七个字时，一口水完全喷了出来，好不清爽。娃太可怜了，长妈妈太强了。

在等级制度森严的环境中，这样一位地位卑微且行为粗陋的女性被在乎被尊重，几乎是不可能的事情。就像金庸《射雕英雄传》里的傻姑，除了天性纯良的郭靖称她为"那位姑娘"外，其他人不是喊"喂"就是喊"傻姑"。傻姑是真傻，意识不到别人对自己尊重与否，但郭靖还是愿意把傻姑当作一个值得尊重的生命去对待，"姑娘"已比"傻姑"

尊重得多，再加上"那位"两个字，读来实在感人。

鲁迅先生也把长妈妈当作一个值得去尊重的个体去记录，去歌颂，因为长妈妈除了这些令人生厌之处外，还有很多或可爱或暖心的举动。

最可爱的举动是提醒鲁迅给自己送祝福。她先是把福橘放在床头，然后"极其郑重"地提醒鲁迅第二天元旦要记得跟自己说恭喜，还要记得吃一点儿福橘，因为只有这样，一年才能"顺顺流流"。她对鲁迅的称呼是儿化音"哥儿"，别说是听，就是读起来也觉得很亲切。

第二天鲁迅醒得特别早，文中写道："梦里也记得元旦的，第二天醒得特别早，一醒，就要坐起来。她却立刻伸出臂膊，一把将我按住。我惊异地看她时，只见她惶急地看着我。她又有所要求似的，摇着我的肩。"小鲁迅醒得这么早，长妈妈竟能"立刻伸出臂膊"，且怕我跑掉或说出别的话"一把将我按住"，说明她很早就等着这位小少爷醒来了。此前的场景一定是这样的：长妈妈睁着惺忪的睡眼老早守候在小少爷床边，不能打扰他，又得死死盯着他。多么可爱！一把把小少爷按住，且"惶急地看着我"，并提醒似的"摇着我的肩"就更可爱了。小鲁迅先是被按住，动不成；又被摇动肩膀，必须动。处处受制，却又处处显出长妈妈生怕小少爷坏了规矩的紧张心理。控制者虽然强势却因生怕出了差错其实处于弱势，受控者虽然弱势却因懵懂无知其实处于强势。读来令人忍俊不禁，又有趣，又温暖。

还不错，鲁迅记了起来，赶紧说了恭喜。长妈妈的反应特别有趣，值得仔细品味。原文如下：

"恭喜恭喜！大家恭喜！真聪明！恭喜恭喜！"她于是十分喜欢似的，笑将起来，同时将一点冰冷的东西，塞在我的嘴里。

长妈妈说了五个恭喜，还夸鲁迅"真聪明"。这个朴实到极点的女性好像不知道用什么合适的语言来夸人，按理说应该用"真懂事"或"真乖"一类的词呀。可能是因为"十分喜欢"以至于想不到别的词了吧？"笑将起来"是正常反应，但"同时将一点冰冷的东西，塞在我的嘴里"这句话就厉害了。本来她说的是让小少爷记得吃一点儿福橘，小少爷自己记得吃就好，可为什么她要"同时"？又为什么要"塞"呢？因为她生怕小少爷忘了吃，所以为了保证这个仪式顺利完成，保证自己这一年"顺顺流流"，保证小少爷根本就没有躲避或反抗的余地，这才在笑着的"同时"给小少爷"塞"福橘。

长妈妈耐心等待在前，谦卑请求在中，断然塞橘在后，洗剪吹一条龙，相当了得。更了得的是鲁迅先生。文中说自己"大吃一惊之后，也就忽而记得，这就是所谓福橘"，这句话照应了长妈妈塞福橘的动作之快，快到小鲁迅还没看清是什么就已经吃下去了。

对长妈妈而言，这场仪式用意在祈福，而对小鲁迅而言，这场仪式感觉却是在受罪，远不如下床去跑着玩儿开心。文章亦庄亦谐。越是把长妈妈的举动和言语写得那么正儿八经，就越是把小鲁迅的被动配合写得妙趣横生。这主仆二人也太好玩儿了吧！

最暖心的举动是送鲁迅念念不忘的《山海经》。

小鲁迅有多向往这本书呢？文中说"我很愿意看看这样的图画"，说"玩的时候倒是没有什么的，但一坐下，我就记得绘图的《山海经》"。长妈妈因见小主人对一本书如此念念不忘，便问了这本书的情况。鲁迅虽然觉得说了也没用，但还是告诉了长妈妈，让鲁迅没想到的是过了十天或一个月告假归来的长妈妈竟把《山海经》给买了来。而且是"一见面，就将一包书递给我"。她连书名都会说错，说成了"三哼经"，但硬是凭借里面鲁迅提过的那些图画将书选中。长妈妈走了几家书店，花了多少钱，我们不得而知。一个不识字的下等妇人，在书店搜寻这本书的时候有没有被嘲笑被讥讽，我们也不得而知。我们只知道她深爱着她的小少爷，如此而已。

鲁迅先生说："这四本书，乃是我最初得到，最为心爱的宝书。""最初得到"，说明意义非凡；"最为心爱"，说明价值贵重；"宝书"，说明极为珍爱。而这如此丰厚的馈赠来自长妈妈，一位普通得不能再普通、卑微得不能再卑微的奴仆。鲁迅先生说"书的模样，到现在还在眼前"，那是因为既是珍爱之物，又是可以缅怀长妈妈之物。

长妈妈是卑微粗陋而又可爱温暖的。她切切察察论人是非，她谋死隐鼠并装无辜，她摆成"大"字还变本加厉，处处令人讨厌。脱裤子以退敌的迷信宣扬，更是让人哭笑不得。但她同时又青年守寡，极为不幸；同时又善良朴实，爱护主人。她无名无姓，无根无基，一无所有而来，一无所有而去。她是当时中国千千万万普通劳苦大众的缩影。

古龙在《多情剑客无情剑》中曾这样写那些劳苦大众：

以前，他最憎恶泥泞，他情愿多绕个圈子也不愿走过一小段泥泞的路。但现在，他才发觉泥泞也有泥泞的可爱之处——它默默地忍受着你的践踏，还是以它的潮湿和柔软来保护你的脚。世上有些人岂非也正和泥泞一样？他们一直在忍受着别人的侮辱和轻蔑，但他们却从无怨言，从不反击……这世上若没有泥泞，种子又怎会发芽？树木又怎会生根？

默默忍受践踏，亦默默呵护世人。长妈妈，这位鲁迅先生已经回忆了三十年并还常常想起的他生命中的天使，不就是这泥泞一般的存在么？

温暖的《山海经》，温暖的阿长，温暖的童年，温暖的回忆。人生，多一些这样温暖的回忆，便应满怀感激，不是么？

2019-09-13

一思一怅然
——读郑振铎《猫》

"我家养了好几次猫,结局总是失踪或死亡。"

文章一开篇,就奠定了全文的感情基调。养猫必然会投入精力和情感,失踪或死亡则使这精力与情感落空,哀伤无奈便是想当然的事情了。

第一只是一只"如带着泥土的白雪球似的"花白毛的、很活泼的小猫。有多活泼呢?文中写的是"在廊前太阳光里滚来滚去"。本来就像个球,在阳光里滚过来滚过去,就更像个球了。毛茸茸的球,多可爱!这还不算,还是常常如此,也就是没事儿就滚,不亦乐乎。本来是"如带着泥土",这下倒好,成了常常真带着泥土。人类会这样么?大人肯定不会。小孩子会在床上滚来滚去,但在地上滚,多半会被家长拽起来。大猫会这样么?大猫相对矜持沉稳,而且有捕鼠或哄主人开心比如打呼噜等要事要做,一般也不会。只有小猫会这样,无拘无束,想怎么来就怎么来。

有感于斯文

除了滚来滚去，小猫还会因一条红带或一根绳子的逗弄而扑来扑去。滚来滚去，扑来扑去，无忧无虑，亦无畏无惧。

这无拘无束、一无挂碍的样子，便是最可爱的样子。

可爱者，首先要真，其次才是有趣。

以上皆是对小猫可爱有趣的正面描写，侧面描写也很到位。文中说"我坐在藤椅上看着他们，可以微笑着消耗过一二小时的光阴"。"坐在藤椅上"表现生活之悠闲，"微笑着"表现内心之愉悦，"一二小时的光阴"则能表现这愉悦的程度之深。能这样欣然忘忧地看猫玩耍的人，是不是也是有趣之人？

作者说："那时太阳光暖暖地照着，心上感着生命的新鲜与快乐。"喜欢这只小猫，不只因为小猫可爱，还因为被新生命的那种蓬勃与美好感染。温暖的阳光、可爱的猫咪、闲暇的日子、发光的双眼、诗意的心灵，聚合到一起，便是幸福的来由。

但是好景不长，"这只猫不知怎地忽然消瘦了，也不肯吃东西，光泽的毛也污涩了，终日躺在厅上的椅下，不肯出来"，哪怕把铜铃挂在它脖子上，也没能给它带来一点儿生气。

不再滚来滚去，不再扑来扑去。形容消瘦，精神萎靡。小猫，却成了老猫的模样。

在很多人看起来很平常的一个中午，三妹带来了小猫死了的消息。

幸福是比较出来的，不幸也是。之前越是活泼可爱惹人怜，此刻越是阴阳两隔令人叹。

第一只猫，就这样离开了"我"的生活。

第二只猫是一只浑身黄色的小猫，是母亲带回来的。这只猫比第一只更有趣、更活泼。乱跑，爬树，扑安详飞过没招它也没惹它的蝴蝶，于是人们因第一只猫死去的苦痛迅速被第二只猫带来的快乐冲走。

让人类对同类产生永久的怀念之情都无比困难，何况对异类呢？

这只小猫太活泼了，它不怕生人，会从树上跳到墙上，也会跑到街上晒太阳，这当然都为后来它的丢失埋下了伏笔。过分的自由自在带来的往往是悲剧。

作者一家为它提心吊胆，文字外的我也为它提心吊胆，而三妹的那句"你这小猫呀，要被乞丐捉去后才不会乱跑呢"则十足是一句谶言。

作者是幸福的，因为可以在饭后看它爬树，看它"隐身在阳光隐约里的绿叶中"，黄猫绿叶太阳光，饭后休闲含笑望，其情其景，温暖动人。

作者是满足的，因为过了两三个月，小黄猫还学会了捕鼠，而且颇有成效。又好玩儿，又有用，这样的猫咪，谁不喜欢呢？

但是在一个旁人看来毫不起眼的清晨，小黄猫丢了。"我"找，三妹找，全家人都找，还是找不到，后来才知道是被一个过路人捉去了。"不怕生人"的小黄猫，终没逃过生人的算计。

时乎？命乎？而或己乎？

第一只猫亡故，作者只是"有一缕的酸辛"；第二只猫丢失，作者则是"怅然的，愤恨的"。情感上推进了一层。为何如此？大概是因为这只小猫更活泼可爱，而且相处时间更长吧。

"日久生情"是一种多么可怕的心理惯性。而一旦生情，割舍掉也自然不是一天两天的事情。很多时候我们不是多痛苦，而是不习惯，这种不习惯会让人焦虑，让人难受，让人怅然神伤。

文中写自己"诅骂着那个不知名的夺去我们所爱的东西的人"。作者之所以强调是"不知名"的，是因为如果知道名字，至少还能为这诅咒确定一个目标，但"不知名"三个字，却让这本应犀利的诅咒变得意义微薄。在痛苦、恼火与无奈的情绪折磨下，郑家好久不养猫。

不想养猫，所以不去要猫，但"缘分"二字的神奇之处就在于它的意想不到，且命中注定。

丢了的猫未回转，一只陌生的小猫却在一个冬天的早晨蜷伏在作者家的门口。"冬天的早晨"表现环境的残酷,"蜷伏"二字则勾勒出小猫的可怜。但是它的可怜并未为它赢来人类的同情,因为它又丑又瘦且不活泼,颜值与性格均不讨喜,连一向喜欢猫的三妹也对它不加注意,其他人就更是冷漠了。

动物要想在人类的圈子里立足,要么如猪羊供人食用,要么如驴马供人驱使,要么如猫狗供人取乐。在人类的价值体系中,这只除了可怜一无是处的小猫是可以忽略不计的。

它渐渐肥胖,但仍不活泼,因怕冷钻到火炉底下,又被烧得脱掉几块毛,如此,就更不讨喜了。它忧郁、懒惰,不知是本性使然,还是自暴自弃。

芙蓉鸟被咬,这只被歧视或者说连被歧视都不配、被无视且曾凝望鸟笼的猫自然成了被怀疑的对象。"我"是义愤填膺的,连说两句"一定是猫!"妻是睿智深刻的,断言道:"不是这猫咬死的还有谁?它常常对鸟笼望着……"大家找这只罪魁祸首的猫,最终一向喜欢猫的三妹发现了猫的踪迹。晒着太阳,态度很安详的猫被作者用一根木棒打了一下,悲伤苦楚地鸣叫,然后负伤逃走。

世上最大的苦痛不是劳累,是被误解,尤其是被自己毫无戒心的人误解。可是作者"心里还愤愤的,以为惩戒得还没有快意"。

很快,真相到来了,原来是一只黑猫做的孽。

作者非常难过,文中写道:"我没有判断明白,便妄下断语,冤枉了一只不能说话辩诉的动物。想到它的无抵抗的逃避,益使我感到我的暴怒,我的虐待,都是针,刺我的良心的针!"

可是这有什么用呢?猫听不懂人类道歉的语言呀。

两个月后,在一个很多人认为很平常的一天,"我们的猫忽然死在邻家的屋脊上"。直到此时,我们才肯承认它是"我们"的猫了,虽然这只猫在生前从未有过这种被接纳的归属感。

作者更难过，因为永无改正的机会，自此，他们再不养猫了。

愧疚是比欢喜更深沉牢固的情绪，尤其是难以弥补的愧疚。因为欢喜可以被更大的欢喜覆盖，而难以弥补的愧疚却像一名潜藏在有良知之人心田的士兵，随时会拿起武器，攻城拔寨！

夏目漱石在其小说《我是猫》中以猫的口吻写道："听说在人的世界中所通用的爱的法则是这样的：在与自己有利的条件下，则可以爱别人。"还有一句话是"冷漠是人的本性"。如果郑振铎笔下的这只被冤枉的猫可以说话，临死前它会对人类说些什么呢？

第一只猫活泼可爱，相处日短，不幸亡故；第二只猫活泼有用，相处日长，不幸丢失；第三只猫又丑又懒，饱受冷遇，郁郁而终。三只猫都不能把握自己的命运，可爱有用与否，都难逃命运的捉弄。

读完郑振铎的《猫》，我想到了林清玄笔下的蟑螂。新出壳的蟑螂也有着"白玉一样半透明的精纯的光泽"，"对人没有一丝害处"。作者说："对于这纯美干净的蟑螂，我们几乎难以下手去伤害它的生命。"

但是它们是蟑螂，一切便命中注定。

它们或在阴沟，或在垃圾堆里度过它们平凡而肮脏的一生。假如它们跑到人的家里，等待它们的是克蟑、毒药、杀虫剂，还有用它们的性费洛蒙做成来诱捕它们的蟑螂屋，以及随时踩下的巨脚，擎空打击的拖鞋，使它们在一击之下尸骨无存。

凡事皆有因果，万物来到尘世也自是造物主的安排。可是既然注定被嫌弃厌恶，注定肮脏一生或不得好死，造物主又为何将蟑螂送入此间来？为何让它们继续繁衍不被祝福不被接纳的子子孙孙？

生为蟑螂，多么可悲。

蟑螂可悲，小猫可叹，那么人类呢？

一思一怅然，一思一怅然啊。

2019-09-09

高贵生灵不言悲

——读利奥波德《大雁归来》

《智度论·释初品中·大慈大悲义》有云："大慈与一切众生乐，大悲拔一切众生苦。"这一切众生当然包括自然万物。可惜大部分人类的同情心是受物种限制的。所以，我对悲悯自然万物并付诸笔端来唤醒人类的同情心者，一直充满敬意。

利奥波德是美国生态学家，也是享有国际声望的科学家和环境保护主义者。按照百度百科的说法，他同时又是一个观察家，一个敏锐的思想家，一个造诣极深的文学巨匠。我之前没有读过他的任何著作，直到读到这篇《大雁归来》，才为其大悲悯与好文笔所折服。这种感觉特别像第一次读刘亮程《一个人的村庄》时的那种感觉。

文章一共十三段，每一段都值得反复诵读。

开篇第一段就非常抓人：

一只燕子的来临说明不了春天，但当一群大雁冲破了3月暖流的雾

高贵生灵不言悲

霭时，春天就来到了。

"说明"春天，富有诗意美；"冲破"雾霭，则极具冲击力。文中这样的好句子比比皆是。大雁归来，则春天归来，跋山涉水群体归来的大雁，才是真正的报春使者。春天是美好与生机的象征，大雁便是承载美好与彰显生机的自然生灵。

那么，大雁的美好与生机体现在何处呢？

大雁是身姿优美的。它们"目空一切地从我们的头上高高飞过"，"它们白色的尾部朝着远方的山丘，终于慢慢扇动着黑色的翅膀，静静地向池塘滑翔下来"，它们"像凋零的枫叶一样，摇晃着从空中落下来，并向下面欢呼的鸟儿们伸出双脚"。高高飞过，黑白分明，摇晃生姿，利奥波德笔下的大雁这般美丽。如泰戈尔所说："你不知道你有多美丽，你像花朵一样盲目。"

大雁是坚韧刚强的。它们不会像主红雀与花鼠那样，觉得天冷了就选择继续缄默或回窝睡觉，它们一旦启程就不会轻言放弃，它们"下定了在黑夜飞行200英里的赌注"，一约既定，便万山莫阻。

大雁是智慧聪敏的。它们知道威斯康星的法规，知道何时可以落地何时不能落地，它们可以在空中笔直飞行，一声不响，那样冷峻严肃；也可以在地上与沙滩低语，在草地穿行，那样活泼热情。

大雁是懂得联合的。它们有着高度的组织性与纪律性，这成了它们基因的一部分。如文中所说："每年3月，它们都要用自己的生命来为实现这个基本的信念做赌注。"而人类直到今天，还在为一些不足以成为问题的问题争论不休，彼此伤害。

大雁给北极冻土层带去玉米粒，大雁给南方沼泽地带去欢笑声。大雁的身影丰富了天空的颜色，大雁的叫声拓宽了自然的音域，大雁的信念震撼了世人的心灵。

以上种种，印证了大雁的美好与生机。

但同时，大雁又是悲伤忧郁的。

它们要躲过人类的猎枪，它们要承受丧偶的痛苦，它们不得不提升自己的观察能力，它们不得不增强自己的逃生本领。我相信，在最初的最初，小动物看到人的时候不会眼含畏惧与警惕，那么是从哪一天开始，它们一看到人类就会惧怕、躲避、拒绝呢？从那天开始，人类用自己的强大强悍与强势将自己与其他万物割裂开来，并与它们渐行渐远。我相信在大雁等动物眼中，我们不是什么万物之精华、宇宙之灵长，我们只是一个极度危险的物种罢了。

大雁悲伤忧郁，却不沉浸于悲伤忧郁。丧偶的大雁也会高高飞翔，也许眼角含泪，依旧义无反顾。这让我不禁想起了史诗影片《赛德克·巴莱》中的那句经典台词："如果文明是要我们卑躬屈膝，那我就让你们看见野蛮的骄傲！"

高贵的生灵是不言悲的。不堕落，不放弃，将骄傲进行到底。仅这一条，很多人就做不到。

作者用"642只"和"六的倍数"等字眼彰显着他和他的团队的严谨性与专注度。作者两次用"我们的大雁"来称呼大雁，亲昵却又不失敬重。对自然界的生灵，也许我们做不到利奥波德那样的专注度，但我们至少也应该持有这样一种亲昵且不失敬重的态度。

利奥波德在《大雁归来》中这样写大雁归来的场景："一触到水，我们刚到的客人就会叫起来，似乎它们溅起的水花能抖掉那脆弱的香蒲身上的冬天。我们的大雁又回来了。"法布尔在《昆虫记》中曾这样写一只甲虫："池水通过小小的渠道缓缓地流入附近的田地，那儿长着几棵赤杨，我又在那儿发现了美丽的生物，那是一只甲虫，像核桃那么大，身上带着一些蓝色。那蓝色是如此的赏心悦目，使我联想起了那天堂里美丽的天使。"诗人余秀华曾这样写一个黄昏的场景："要一个黄昏，满是风，和正在落下的夕阳。如果麦子刚好熟了，炊烟恰恰升起。那只白鸽贴着水面飞过，栖息于一棵芦苇。而芦苇正好准备了一首曲子。如此，足够我爱这破碎泥泞的人间。"

我喜欢这样将自己视为自然之子而不是自然之父的文字：温暖，美好，又充满爱的力量。

灵动的文笔和悲悯的情怀是我阅读《大雁归来》最深切的感受。文章结尾处写道："在这种每年一度的迁徙中，整个大陆所获得的是从3月的天空洒下来的一首有益无损的带着野性的诗歌。"让我们敬畏这首诗歌，并将其传唱开去。这是大雁以及像大雁一样高贵的生灵都应受到的礼遇。这礼遇并非为了让它们感激涕零，只是为了消解我们人类自身的傲慢与孤独。

一入江湖岁月催，高贵生灵不言悲。敬重万物成常态，那时方知我是谁。

2020-04-06

有感于斯文

有些事总要有人做
——读闻一多《最后一次讲演》

也许你真是哭得太累,也许,也许你要睡一睡,那么叫夜莺不要咳嗽,蛙不要号,蝙蝠不要飞。不许阳光拨你的眼帘,不许清风刷上你的眉,无论谁都不能惊醒你,撑一伞松荫庇护你睡。也许你听这蚯蚓翻泥,听这小草的根须吸水,也许你听这般的音乐,比那咒骂的人声更美。那么你先把眼皮闭紧,我就让你睡,我让你睡,我把黄土轻轻盖着你,我叫纸钱儿缓缓的飞。
——闻一多《也许》

《也许》是闻一多先生哀悼幼女的一首葬歌,我是在教书的第一年也就是2006年无意中读到的。第一次读,就被它的童趣与悲情深深打动。不亚于周国平写给亡女的那篇《妞妞》所带给我的感动。虽然《也许》比《妞妞》的篇幅要短得多。我当时想,这世间竟然有这样满腹深情又满腹诗情的男子。以前,我和绝大多数人一样,只知道先生的《七子之歌》,尤其写给澳门的那支歌。心系天下又铁骨柔情,这是怎样的

·有些事总要有人做·

一个奇男子呀！

闻一多1899年出生于湖北黄冈的一个书香家庭，他从小就特别聪明。1912年，13岁的闻一多以第一名的成绩考上了清华大学留美预备学校，可谓学神级的存在。1916年，17岁也就是还未成年的闻一多开始在《清华周刊》上发表系列读书笔记。大家熟知的《七子之歌》作于1925年，是在他美国留学期间。1928年，他出版了第二部诗集《死水》。其中的《死水》一诗令其声名远扬。1932年，闻一多回母校清华大学任中文系教授。1946年7月15日，先生在昆明发表完悼念李公朴先生的演讲后被国民党特务暗杀，享年47岁。

他本来没准备发表演讲，但看到在李公朴夫人血泪控诉的过程中，那些混进会场的国民党特务毫无顾忌，说笑胡闹，肆意捣乱，把会场搞得乌烟瘴气，这才拍案而起，发表了这篇慷慨激昂的演讲。

如果放在精致的利己主义者大行其道的今天，先生这样的人，会不会被嘲讽讥笑为书呆子、死脑筋呢？

可是这个世界若想变得更好，有些话就总要有人说，有些事就总要有人做，有些路就总要有人走。

先生说了自认为该说的话，做了自认为该做的事，走了自认为该走的路。直到今天，他的演讲依然可以发出金石之声，足以振聋发聩。

先生这篇即兴演讲充满激情与斗志，却又环环相扣、法度森严，是一篇不可多得的战斗檄文。

他没有沉痛悼念李先生，而是上来就怒斥反动派，将他们做的事称为"历史上最卑劣最无耻的事"。"历史上"说明前无古人，两个"最"说明登峰造极。紧接着他便用"李先生究竟犯了什么罪，竟遭此毒手？"来质问反动派。一个"究竟"，一个"竟"，加强了质问的语气，表达了强烈的愤慨。

那么为什么说反动派做下的是"最卑劣最无耻的事"呢？原因有三：

有感于斯文

一、杀无罪之人。李公朴先生只是"用笔写写文章，用嘴说说话，而他所写的，所说的，都无非是一个没有失掉良心的中国人的话"。"无非"二字用双重否定来加强肯定，而"没有失掉"四个字则又一次用双重否定来加强肯定。这句话若改为"都是一个有良心的中国人的话"，虽表达的意思与原文完全相同，但情感共鸣与批判力度却相差甚远。而"中国人"三字看似平平无奇，却将李先生划到了"没有失掉良心的中国人"这一庞大阵营。这一阵营与失掉良心背叛国人意志的国民党反动派势不两立，彰显了先生深厚的文字功底与语言技巧。我们很难想象这是一篇即兴演讲。

二、暗杀无罪之人。当年宋高宗冤杀岳飞、明英宗冤杀于谦、崇祯帝冤杀袁崇焕好歹也都会找个罪名，但国民党特务却用暗杀这种下三滥的手段。而越是暗杀，不敢光明正大，就越能说明李先生的无罪和反动派的无耻。先生用"偷偷摸摸"四个字将反动派的丑恶嘴脸揭露无遗。你们不是刚才还在下面说笑捣乱么，你们杀人都敢，为什么不敢站出来呢？"今天，这里有没有特务？你站出来！是好汉的站出来！你出来讲！凭什么要杀死李先生？"先生连用两个问句、三个感叹句，而且皆为短句，直接跟反动派短兵相接，疾风暴雨，势不可当！相信在场的特务此刻肯定敛气屏声，不敢再说笑捣乱。

三、污化无罪之人。首先，"杀死了人，又不敢承认"，而且"还要诬蔑人"。这已经很无耻了，污蔑的手段也非常低级，竟然说成是"桃色事件"。所以先生才会直接说出"无耻啊！无耻啊！"并引来听众们热烈的掌声。我相信，当先生基本上相当于点着特务的鼻尖说出这六个字时，其实就已经做好了牺牲的准备。所以，我每次读到这里，都是觉得又是解气又是难过。

但先生没有难过，他继续说道："这是某集团的无耻，恰是李先生的光荣！李先生在昆明被暗杀，是李先生留给昆明的光荣！也是昆明人的光荣！"这几句话既有"无耻"与"光荣"这样鲜明的对比，又有以点带面的功效，将昆明这座城以及所有昆明人都放在与反动派对立的位置。当然后面又将昆明扩大为云南。什么叫演讲技巧？什么叫鼓动性？什么叫号召力？这就是。

反动派越无耻，李先生越光荣，而这光荣不仅属于他自己，也属于昆明。先生接下来一句话回顾了去年昆明青年所作的斗争，并将其与李先生争取民主和平所作的斗争放到一起评论，并点明"这两桩事发生在昆明，这算是昆明无限的光荣"！先生确实没有沉痛悼念李先生，但化悲愤为力量，化无辜死去为光荣牺牲，不是更有意义的悼念与缅怀么？

开篇三段，短短四百来字，却能包含这样丰富的信息、这样充沛的情感、这样缜密的思维、这样高超的技巧，实在令人叹服。

前三段揭露反动派的无耻并赞颂李公朴的光荣。四、五段则揭示反动派的虚伪本质与必败结局。

文章第四段一开始称呼反动派时连用了七个"他们"，并加上了"捶击桌子"这样的身体语言。后来称呼在场特务时连用了四个"你们"，并直接跟对方说："你们还有几天？你们完了，快完了！"第五段一开始又用了四个"你们"。要知道文章第二段先生提到在场特务时，用的是"你"，此时改成"你们"，既扩大了批判面，又可与后面连用的八个"我们"形成听觉与心理上的对立效应。先生在第五段又一次说到"你们完了，快完了！"用反复来表强调，既能打击敌人气焰，又能振奋群众士气。希特勒与墨索里尼覆亡的例证和"要是这样可以的话，世界上早没有人了"以及"我们的光明，就是反动派的末日"的论断，则使先生的议论有着雷霆万钧无可辩驳的力量。

从"市民"到"人民"再到"真理"，层层拓展，又层层深入；从"他们"到"你们"再到"我们"，针锋相对，又信心百倍。可谓文气充沛与技巧高超齐飞，有理有据同至情至性一色。真是难得的好文章！

有感于斯文

演讲至此,群众的热情与斗志已被燃到顶点,先生继续慷慨陈词,最后七段他向所有爱国青年发起了强有力的号召。他说"李先生的血不会白流",他说"我们昆明的青年决不会让你们这样蛮横下去",他说"正义是杀不完的,因为真理永远存在"!我读着这些饱含愤怒与信念的句子,感觉它们不是从先生的口中说出来的话语,而是从他那炙热的胸膛中喷发出来的岩浆!

先生说:"你们杀死一个李公朴,会有千百万个李公朴站起来!"这"千百万个李公朴"来自文中的"我们",这"我们"中亦包括先生,而他也确实站了出来,并践行了他演讲稿的最后一句话——"前脚跨出大门,后脚就不准备再跨进大门"。

想到臧克家笔下那个说与做都堪称榜样的闻一多先生,我会不由地想到很多人。想到只要投降就可以高官得坐却选择慷慨赴死的文天祥,想到他写的"孔曰成仁,孟曰取义,惟其义尽,所以仁至。读圣贤书,所学何事?而今而后,庶几无愧!"想到可以逃亡日本却选择留下来的谭嗣同,想到他说的"各国变法无不从流血而成,今日中国未闻有因变法而流血者,此国之所以不昌也。有之,请自嗣同始"。想到可以儿女情长却选择抛洒热血的林觉民,想到他《与妻书》中的那句"吾至爱汝,即此爱汝一念,使吾勇于就死也"。想到鉴湖女侠秋瑾,想到小说《红岩》中愿将牢底坐穿的许云峰和江姐,想到电影《勇敢的心》中不自由毋宁死的华莱士。

他们都说了自认为该说的话,也做了自认为该做的事,与先生一样。

先生在其诗作《死水》中唾弃"绝望的死水",在其诗作《红烛》中愿做"急得流泪"的红烛。他会为早夭的幼女流泪,也会为黑暗的时局流泪,但唯独不会在反动派面前示弱。他长歌当哭,他大吼如怒。他长袖飘飘,他义无反顾。他就这样走完了自己说与做都堪称高标的酣畅淋漓的一生。

· 有些事总要有人做 ·

  人的一生太短暂了，如果不知道自己该做什么，生命的原野便会早早荒芜，青春的绿树亦会匆匆凋零。张晓风在其《情怀》中写道："人世间总有一件事，是等着我去做的；石槽中总有一把剑，是等着我去拔的。"愿你能早些找到这件事，早些拔出那把剑。因为只有这样，我们的生命才会早一些富有意义。

  有些事总要有人做，当人们因畏怯前方的磨难与坎坷而纷纷躲闪回避时，那些勇于去做的奇女子、伟丈夫，便成了后人永远的仰望！

2020-04-09

有趣、有品、有闲
——读庄周《庄子与惠子游于濠梁之上》

庄子与惠子游于濠梁之上。庄子曰:"鲦鱼出游从容,是鱼之乐也。"惠子曰:"子非鱼,安知鱼之乐?"庄子曰:"子非我,安知我不知鱼之乐?"惠子曰:"我非子,固不知子矣;子固非鱼也,子之不知鱼之乐,全矣。"庄子曰:"请循其本。子曰'汝安知鱼乐'云者,既已知吾知之而问我,我知之濠上也。"

庄子和惠施是朋友,也是辩敌,这种关系按现在的说法,就是相爱相杀。

濠梁之辩是古往今来特别有名的一次辩论,之所以有名,就在于其令人回味无穷。

庄子说鱼是快乐的,惠子说你又不是鱼你怎么知道鱼快乐,然后辩论就开始了。如果你是惠施,你会这么一本正经地搞十万个为什么吗?但惠施会,而且一上来就是一剑封喉。惠施想的是:人与人之间都很难感同身受，何况人与鱼之间呢。你庄周浪漫主义过了头，居然说鱼快乐，你是鱼么？净胡扯。

如果你是庄子，你该怎么回答惠施呢？我觉得无论哪种回答都不如庄子的回答妙。庄子以子之矛，攻子之盾。立刻说你又不是我，你怎么知道我不知道鱼快乐。庄子回答的这句话貌似有理，其实答非所问。但庄子想的是：鱼快乐就是鱼快乐，问那么多干什么？吃饱了撑的！我非得说鱼不快乐你才开心么？

如果你是惠施你该怎么怼回去呢？如果你说老庄你别回避问题，我问你咋知道的，你到现在也没回答呀。那就显得惠施太老实也太固执了。惠施是逻辑流，他也以子之矛、攻子之盾。他说对呀，我不是你，当然不知道你咋知道的，但你也不是鱼呀，你咋知道鱼快乐的？惠施想的是：庄子你别转移视线，我非得把这件事儿弄清楚不可。反正鱼儿没有张嘴说我好爽呀，我看你怎么自圆其说。

如果你是庄子，是不是就没词儿了？因为惠施的逻辑非常严密呀。但庄子在这种情况下居然还能用防忽悠的绝招"咱捋一捋"来解决问题。庄子说咱们回到问题的本身啊。你问我怎么知道鱼快乐的，说明鱼快乐是一个事实，你只是想知道我咋知道的而已，好吧我告诉你，我就是在这里——濠上知道的。庄子想的是：你问我怎么知道的，那我就偷换概念为我在什么地方知道的，就是在濠上呀。你还继续往下问么？你再问我咋知道的，我就说在今天知道的。你还问么？还问，我就说你觉得我是怎么知道的，我就是怎么知道的。反正你已经承认了鱼是快乐的了对不对？你不服么？

论辩至此，文章就结束了。惠施又说了什么，庄子又说了什么，我们就不得而知了。

为何说这场辩论令人回味无穷呢？

第一，有趣。两个人一个在 AM 一个在 FM，根本就不搭界，但还硬是凑成了一场辩论，或者说一个段子。惠施是按逻辑推理的，而庄子是从本心移情的。惠施是现实主义，庄子是浪漫主义。惠施重理论，庄子玩儿艺术。庄子说鱼快乐，是因为庄子自己快乐。庄子感觉自己自在逍遥，所以看到游来游去的鱼儿自在逍遥就脱口而出鱼儿好快乐。就像杜牧因为分别而难过，所以就说"蜡烛有心还惜别，替人垂泪到天明"。庄子都能在梦蝶时脑洞大开到问是蝴蝶变成了我还是我变成了蝴蝶，说个鱼儿快乐，实在再正常不过了。但这种移情庄子没法跟惠施说。一说就死板了，就无趣了。庄子总不能说你管呢，就是快乐，你瞅啥？那是吵架，不是辩论。也不能像佛家一样说"不可云，不可云"。那也不是庄子的性格。两个人一个一本正经，一个天马行空，这种错位的辩论反而更为妙趣横生。

　　第二，有品。首先辩题有品。两个人的辩题不是学区房该不该买，不是厚黑学该怎么把握尺度，而是鱼儿为何是快乐的。两小儿辩日虽然也很有意思，但濠梁之辩无疑更有品位。比如今天，有谁会去辩论雪花和梅花是谁成就了谁，或枕边的落发因何而落呢？我们辩论的是"现代社会男人更累还是女人更累"，辩论的是"温饱是不是谈道德的必要条件"，等等。其次称呼有品。两个人虽然唇枪舌剑，你来我往，但该称"子"还是称"子"，始终保持风度。这比一生气就骂"诸葛村夫"之流不知高出多少。再次对手有品。棋逢对手的敌人易找，棋逢对手的朋友却难寻。后来惠施死去之后，庄子很是伤感，他说自己再也没有惠施这样的好对手了，就像那个运斤成风的人再也找不到与其配合的人了。以后，再多的俏皮话，更与何人说？

　　第三，有闲。文章开篇第一句话就是"庄子与惠子游于濠梁之上"。因为在一起游玩儿，所以才有了这场辩论。读濠梁之辩，总会想到《世说新语》中的那篇《咏雪》。官居太傅的大忙人谢安向子侄辈问白雪像什么，谢朗说"撒盐空中差可拟"，谢道韫却说"未若柳絮因风起"。谢安乐了。一家人既有文化修养，又有闲情逸致，真是羡煞旁人。庄子和惠施也是如此，两个人闲着没事儿，看看鱼，抬抬杠，抬完杠继续看鱼，看云，看野花，想抬杠还可以继续抬杠。反正有时间。在当下一声声"忙成驴"和"累成狗"的喘息中，人们看不到鱼儿的快乐。

听听我们每天谈论的话题，有趣么？想想我们每天关注的信息，有品么？看看我们每天如陀螺般旋转的身体和灵魂，有闲么？

香港 TVB 电视剧中有一句台词很有名："呐，做人呢，最重要的就是开心啦。"

佛祖拈花，迦叶一笑。庄子是开心的，因为他开心，所以他觉得万事万物都开心，包括鱼儿。开心就好，问那么多干吗呢？或者说，为什么要问呢？如迦叶一般会心一笑不好么？

2020-06-29

搞笑，鲁迅先生是认真的
——读鲁迅《社戏》

鲁迅先生的文章可以如匕首、如投枪，也可以如风景画、如散文诗，还可以如段子、如小品，这篇《社戏》便既是风景画、散文诗，又是段子、小品。要想了解童年之美好，读《社戏》就够了。

鲁迅幼时，常随母亲鲁瑞到外祖母家省亲。"那地方叫平桥村，是一个离海边不远，极偏僻的，临河的小村庄；住户不满三十家，都种田，打鱼，只有一家很小的杂货店。"这样一个类似世外桃源的地方，有着那么美的风景、那么美的故事和那么美的人情。

但我们今天不聊《社戏》之美，《社戏》之美估计已经被各路专家说尽了，今天我们就聊聊它有多搞笑。

第一处：辈分问题。

一家的客，几乎也就是公共的。我们年纪都相仿，但论起行辈来，却至少是叔子，有几个还是太公，因为他们合村都同姓，是本家。然而我们是朋友，即使偶尔吵闹起来，打了太公，一村的老老少少，也决没有一个会想出"犯上"这两个字来，而他们也百分之九十九不识字。

"打了太公"已经够搞笑了，"百分之九十九不识字"就过分了。人家再不识字也能搞得清辈分吧？迅哥你这样调侃大伙儿是不是不太合适？

第二处：欺生问题。

其次便是一同去放牛，但或者因为高等动物了的缘故罢，黄牛水牛都欺生，敢于欺侮我，因此我也总不敢走近身，只好远远地跟着，站着。

虾是低等动物，牛就是高等动物。为啥呢？因为虾被我吃，而牛却欺侮我。我们都知道牛是特别温顺的一种家畜，但小鲁迅却说牛"欺侮"他。不说"欺负"，而说"欺侮"，越加重欺负的程度，就越能写出"我"面对牛时的卑微与胆怯。"我"有多胆怯呢？文中写的是"只好远远地跟着，站着"。为何跟着？因为必须得赶路；又为何站着呢？因为能不赶路就不赶路。

第三处：对比问题。

总之，是完了。到下午，我的朋友都去了，戏已经开场了，我似乎听到锣鼓的声音，而且知道他们在戏台下买豆浆喝。

作者极度盼望去看社戏，因为不光可以看戏，还可以在戏台下买豆浆喝。看不上社戏，尤其是一想到其他人都（注意这个"都"字）可以在戏台下喝豆浆，"我"就无法控制悲伤。于是"我"不再钓虾，东西也吃得很少。看不上社戏已经很不爽了，喝不上豆浆更不爽，尤其一想到别人居然能看上能喝上则更更不爽。幸福是比较出来的，不幸也是。没有对比，就没有伤害呀。

第四处：置换问题。

我有些疲倦了，托桂生买豆浆去。他去了一刻，回来说："没有。卖豆浆的聋子也回去了。日里倒有，我还喝了两碗呢。现在去舀一瓢水来给你喝罢。"

喝豆浆本是看戏的标配，就像吃爆米花是看电影的标配一样，作者也确实想来一碗。但桂生这娃实在太严谨了，他说卖豆浆的人走了，还跟小鲁迅强调并非没来，白天还在呢，为了证明在，他还说自己喝了两碗。注意，不是一碗，是两碗，说明卖豆浆的在戏台下逗留的时间并不短。回答到这里本来就可以了，但桂生是个暖男，他不仅能分析问题，还能解决问题，他要去给迅哥舀瓢水喝……

桂生，你没事儿吧？水跟豆浆能置换么？你才喝水，你全家都喝水！

第五处：恐惧问题。

然而老旦终于出台了。老旦本来是我所最怕的东西，尤其是怕他坐下了唱。这时候，看见大家也都很扫兴，才知道他们的意见是和我一致的。那老旦当初还只是踱来踱去的唱，后来竟在中间的一把交椅上坐下了。我很担心；双喜他们却就破口喃喃的骂。我忍耐的等着，许多工夫，只见那老旦将手一抬，我以为就要站起来了，不料他却又慢慢的放下在原地方，仍旧唱。

作者有老旦恐惧症。他不说老旦是他最怕的人，而说是最怕的"东西"，可见老旦之可怕。坐下唱的老旦尤其可怕。"将手一抬"让作者看到了希望"却又慢慢的放下在原地方,仍旧唱"的老旦就更可怕了。这老旦是想要迅哥的命么?

第六处:偷盗问题。

"阿阿,阿发,这边是你家的,这边是老六一家的,我们偷那一边的呢?"双喜先跳下去了,在岸上说。

我们也都跳上岸。阿发一面跳,一面说道,"且慢,让我来看一看罢。"他于是往来的摸了一回,直起身来说道,"偷我们的罢,我们的大得多呢。"一声答应,大家便散开在阿发家的豆田里,各摘了一大捧,抛入船舱中。双喜以为再多偷,倘给阿发的娘知道是要哭骂的,于是各人便到六一公公的田里又各偷了一大捧。

双喜有才,问阿发偷谁家的,让阿发监守自盗,更有才的是还担心阿发被骂,然后暖心地带着大家去偷六一公公的,在被六一公公问询时居然能说出"你把我的虾吓跑了"这样顾左右而言他的高级辞令。阿发更有才,阿发一本正经地说要看一看,而且还认真非常地"往来的摸了一回",贯彻了"没有调查就没有发言权"的光辉思想,这才决定偷自己家的。为啥呢?因为自己家的豆子大,还不是一般的大,是"大得多"。自己家的豆子为啥用"偷"呢?那是因为没告知大人。

双喜精灵古怪,阿发善良无邪,像蓉儿与靖哥哥,真是绝配。

第七处,表扬问题。

六一公公看见我,便停了楫,笑道,"请客?——这是应该的。"于是对我说,"迅哥儿,昨天的戏可好么?"

我点一点头,说道,"好。"

"豆可中吃呢?"

我又点一点头,说道,"很好。"

不料六一公公竟非常感激起来,将大拇指一翘,得意的说道,"这真是大市镇里出来的读过书的人才识货!我的豆种是粒粒挑选过的,乡下人不识好歹,还说我的豆比不上别人的呢。我今天也要送些给我们的姑奶奶尝尝去……"他于是打着楫子过去了。

六一公公肯定也知道"我"有多么想看社戏,所以他先问的社戏好不好看,"我"回复的是"好";六一公公再问豆好不好吃,"我"回复的是"很好"。然后六一公公非但不怪罪,反而又是感激,又是得意,又是盛赞,最后还给送来了豆子……

六一公公是不是一辈子没被人表扬过呀?这么饥渴?人家迅哥只说豆子好吃,明确说你家的豆子好吃了么?人家说的可能是阿发家的呢。

《社戏》一文,"我"搞笑,双喜搞笑,阿发搞笑,桂生搞笑,六一公公搞笑,甚至被人远远跟着的牛儿、被迅哥畏之如虎的老旦也那么搞笑,真是一笑到底,笑不可支。

作者为什么写得这么搞笑呢?因为他写作用的是儿童视角,而童年的美好,让他一拿起笔来就忍不住嘴角含笑。童年是美好的,因为有社戏,有伙伴,有母亲,有母亲的家乡。

伙伴们是怎样的呢?他们因为来了远客而被大人许可陪小鲁迅玩儿,会让小鲁迅理直气壮地吃掉钓来的虾,会帮着小鲁迅完成看社戏的梦想。

母亲是怎样的呢?母亲会在"我"不开心时竭力叮嘱我别惹外祖母生气;会在小伙伴们为"我"打包票后微笑默许;会估量时间,早早在岸边等"我"回家。

母亲的家乡是怎样的呢?那里豆麦清香,水草亦清香;水气蒙眬,月色亦朦胧;有山有水,刚柔相济;山如兽脊,化静为动。那里月光皎洁，横笛悠扬；那里戏台如仙山楼阁，灯火似满天红霞……

搞笑，是因为没有距离；没有距离，则来自深沉的爱。鲁迅先生的照片绝大多数都是严肃非常的，让人又是敬畏，又是心疼。笑一笑多好。

那夜似的好戏已经一去不返，那夜似的好豆也再也无处品尝。不知不觉人就长大了，不知不觉就越来越少地绽放笑颜。

但无论如何，民族魂鲁迅还有一个美好的童年在，还有一段搞笑的日子在。那些日子可以在他点燃香烟皱起双眉沉思民族未来之际，给他带去一些暖意。我相信，这暖意会化作他心底的柔情与悲悯，也会化作他笔端的呐喊与担当。就像"无情未必真豪杰，怜子如何不丈夫"，就像"寄意寒星荃不察，我以我血荐轩辕"。

搞笑，鲁迅先生是认真的。呐喊也是。

2020-06-30

我们需要什么样的先生和学生
——读鲁迅《藤野先生》

我们需要温暖且严谨的先生，像藤野先生这样。

藤野先生敬业如神。我们来看批讲义事件。

他先问鲁迅能不能抄下来，得到肯定回答后就让鲁迅拿给他看，然后"第二三天便还我"，这说明时间不长，可是鲁迅打开后才发现他的讲义"从头到末，都用红笔添改过了，不但增加了许多脱漏的地方，连文法的错误，也都一一订正"。"从头到末"说明全部都看了，"都用红笔"说明全部都改了。更让人吃惊且感动的是连文法方面的错误都改了，而且是"一一订正"，也就是每一处文法错误都给改过来了。一个医学老师，竟自觉肩负起了语言老师的职责。何况，他还要求鲁迅每星期都要交给他看一回，所以才让鲁迅"感到一种不安和感激"。藤野先生不是说说而已，他说到做到，帮助和指点鲁迅"一直继续到教完了他所担任的功课：骨学、血管学、神经学"。

深思之，藤野先生为何这样做呢？添改讲义当然说明他认真负责、一丝不苟、严谨敬业，而订正文法错误，除了以上这些外，还能看出其对鲁迅特殊的关爱。鲁迅是中国人，在日语文法方面与日本学生相比有天然的差距，藤野先生纠正鲁迅的文法错误，既能让鲁迅避免因文法表达有误而影响所学知识的严谨性，毕竟医学知识事关生死，半点儿马虎不得；又能让鲁迅在学其他知识时受益。可谓诲人不倦，用心良苦。

藤野先生心细如发。我们来看解剖实习事件。

解剖实习了大概一星期，他又叫我去了，很高兴地，仍用了极有抑扬的声调对我说道："我因为听说中国人是很敬重鬼的，所以很担心，怕你不肯解剖尸体。现在总算放心了，没有这回事。"

这里面其实有一个问题，藤野先生又是"很高兴"，又是"极有抑扬"，说明他看到鲁迅顺利参与解剖实习是很高兴的，他也向鲁迅表明了他当初的担忧。既然如此，他为何不一开始就问鲁迅愿不愿意参与解剖实习呢？为什么要等到大概一星期时才提及此事呢？

我的理解是这体现了藤野先生的心细如发。如果一开始就问鲁迅，既显着唐突，又可能使鲁迅在想克服对鬼神的敬畏时因被老师询问而畏手畏脚。所以藤野先生默默地关注着鲁迅，一天过去，两天过去，直到一星期左右看到弟子确实没问题时才如释重负，才将这份担忧讲了出来。

问题又来了，既然鲁迅参与解剖实习没问题，藤野先生也已经沉默了这么久，为何不继续沉默下去呢？

我的理解是这依然体现了藤野先生的心细如发。这个时候告诉鲁迅自己当初的担忧，既是欣慰，也是鼓励。万一鲁迅其实一直在跟内心的鬼神思想作斗争呢？藤野先生说"现在总算放心了"，说"没有这回事"，可以帮鲁迅更好地卸下思想包袱。我相信，这就是藤野先生的用意。

藤野先生惜缘如金。我们来看告别事件。

有感于斯文

鲁迅与其告别，藤野先生不忍分别。文中写道："他的脸色仿佛有些悲哀，似乎想说话，但竟没有说。"

可见深沉的悲伤中，人是说不出话来的。见他"有些凄然"，鲁迅说了两句安慰他的话，但他还是忍不住一声叹息。

按理说写到这里也就够了，一个老师已经向学生表达了他分别的伤感与所授知识不能给学生带去意义的可惜，但作者又继续写道：

> 将走的前几天，他叫我到他家里去，交给我一张照相，后面写着两个字道："惜别"，还说希望将我的也送他。但我这时适值没有照相了；他便叮嘱我将来照了寄给他，并且时时通信告诉他此后的状况。

讲义上密密麻麻的批改渗透关爱，照片上短短的"惜别"二字传递不舍。原来叮嘱鲁迅每周拿讲义给他，现在则叮嘱鲁迅要时时保持联络。

鲁迅成绩并非出类拔萃，而且他来自当时积贫积弱的中国，但藤野先生毫无歧视之心，甚至对鲁迅格外关照，实在令人感动。

敬业如神，是为工匠；心细如发，是为良师；惜缘如金，是为挚友。

我们需要这样温暖且严谨、能感动学生一生的先生，像藤野先生这样。

我们需要清醒且努力的学生，像青年鲁迅这样。

鲁迅自洁，看到成群结队、不知家国为何物的"清国留学生"，就心生厌恶，避而远之。

鲁迅自强，他虽来自弱国，却能凭借自己的努力取得中等的成绩。

鲁迅自尊，他在异域也敢诘责学生会干事，消除诋毁自己作弊的流言。

鲁迅自醒，他看到麻木的中国人开心地围观电影中的中国人被杀，便决意离开，然后弃医从文。

· 我们需要什么样的先生和学生 ·

自洁、自醒说明有是非心，自尊、自强说明有荣辱感。是非心是做人的底线，荣辱感是成才的基础。反观那些考试不及格却调侃藤野先生穿着打扮的人，那些目光呆滞、麻木不仁的看客，则既无是非心，又无荣辱感。教导他们作甚！

我们需要清醒且努力、值得让先生倾心付出的学生，像青年鲁迅这样。

青年鲁迅有多努力呢？藤野先生曾这样回忆教授鲁迅时的感受：

当时我主讲人体解剖学。周君上课时虽然非常认真地记笔记，可是从他入学时还不能充分地听、说日语的情况来看，学习上大概很吃力。于是我讲完课后就留下来，看看周君的笔记，把周君漏记、记错的地方添改过来。如果是在东京，周君大概会有很多留学生同胞，可是在仙台，因为只有周君一个中国人，想必他一定很寂寞。可是周君并没有让人感到他寂寞，只记得他上课时非常努力。

可见"很吃力"却"非常努力"是青年鲁迅给藤野先生留下的突出印象。也正因如此，藤野先生才如此倾心相助。对当时的鲁迅而言，这无异于雪中送炭。当我们长时间身处冰冷的时候，一双温暖的手伸过来，便足以温暖我们的一生。鲁迅先生将藤野先生视为自己的唯一恩师是有道理的。

藤野先生曾这样表达被鲁迅先生尊为唯一恩师的感受：

我虽然被周君尊为唯一的恩师，但我所做的只不过是给他添改了一些笔记。因此被周君尊为唯一的恩师，我自己也觉得有些不可思议。周君来日本的时候正好是日清战争以后。尽管日清战争已过去多年，不幸的是那时社会上还有日本人把中国人骂为"梳辫子的和尚"，说中国人坏话的风气。所以在仙台医学专门学校也有这么一伙人以白眼看待周君，把他当成异己。少年时我向福井藩毕业的野坂先生学习过汉文，所以我很尊敬中国的先贤，同时也感到要爱惜来自这个国家的人们。这大概就是我让周君特别亲切，特别感激的缘故吧。

藤野先生没觉得为鲁迅做过什么特别的事，而这也正是他令人油然生敬之处。

鲁迅回国后先是在绍兴的中学里教书，后来到北京。而藤野先生则在离开学校后回乡行医。两人都曾给对方写信，但因地址变化较大，相互之间都没收到。这不能不说是一种巨大的遗憾。鲁迅先生1936年去世，藤野先生1945年去世。鲁迅先生去世时有记者找到藤野先生，把这一消息告诉他。以下是藤野先生的侄子藤野恒三郎的回忆：

40年前，也就是鲁迅逝世的那一年，有一位记者拿来了一张鲁迅逝世时的照片给我叔父严九郎看。这时，我叔父才知道鲁迅逝世的消息。当时，严九郎正襟而坐，把那张照片举过头顶，然后提笔写了"谨忆周树人君"。

人生苦短，得遇良难。两载相伴，一生相惜。

古人讲"天地君亲师"，把老师列到如此的高度。其实教师这个职业并没有那么崇高伟大，只不过偶尔因为有了藤野先生这样的老师和鲁迅先生这样的学生，才让教师这个职业让人看起来如此美好。

我们需要温暖且严谨的先生，我们需要清醒且努力的学生。生逢良师是造化，生逢英才亦是造化。相互欣赏，师生同心，老师真教，学生真学，才能既收获真知，又收获真情啊。

2020-07-02

以气驭诗,无法复制
——读毛泽东《沁园春·长沙》

独立寒秋,湘江北去,橘子洲头。

看万山红遍,层林尽染;漫江碧透,百舸争流。

鹰击长空,鱼翔浅底,万类霜天竞自由。

怅寥廓,问苍茫大地,谁主沉浮?

携来百侣曾游,忆往昔峥嵘岁月稠。

恰同学少年,风华正茂;书生意气,挥斥方遒。

指点江山,激扬文字,粪土当年万户侯。

曾记否,到中流击水,浪遏飞舟?

沁园春是词牌名,长沙是题目。为什么是长沙?因为长沙是毛泽东初期革命活动的中心,也是他人格形成的地方。

1920年,毛泽东再度返回长沙时已经成为坚定的马克思主义者。1922年,他在安顺组织过工人补习学校,同年又领导过长沙土木工人罢工，促进了湖南省总工会的成立，后来被通缉。1925 年，毛泽东又辗转回到湖南继续从事革命活动。这年春夏，他回乡养病时组织农民运动，后又遭湘潭县团防局缉拿。8 月 28 日，毛泽东在韶山共产党组织和人民群众的掩护下摆脱了敌人的追捕，经长沙等地去广州主持农民运动讲习所。在长沙，毛泽东重游了学生时代常游的岳麓山、橘子洲等地，挥笔写下了该词。

人言春女思而秋士悲，所以古往今来，像"霜天秋晓，正紫塞故垒，黄云衰草""谁念西风独自凉，萧萧黄叶闭疏窗，沉思往事立残阳""砧杵敲残深巷月，井梧摇落故园秋"等写衰残之景和表凄凉之意的诗句不胜枚举。但 32 岁的毛泽东在深秋的寒意之中却丝毫没有悲伤惆怅之意，你看他一个人卓然而立在橘子洲头，湘江之水在他脚下滚滚北去，大有东坡"大江东去浪淘尽，千古风流人物"之神韵。

登高望远，"看万山红遍，层林尽染"。"万山"与"层林"相对，极写秋色之广；"红遍"与"尽染"相应，极写秋意之浓。"染"字更是化静为动，好似万山之上的层林一夜之间便在秋风劲吹之下旧貌换新颜。其实"染"字并非毛泽东首创，王实甫《西厢记》中就有"晓来谁染霜林醉，总是离人泪"的佳句。只不过王实甫的霜林满眼凄清，毛泽东的层林则一片深红。一柔一刚，一抑一扬。

视线拉近，红的是山，绿的是水。漫江已碧透，百舸正争流。虽然未见其人，但船只必定是人在操纵。如此便在万山红遍与漫江碧透之间加入了人的行踪。而一旦有了人的加入，尤其是有了如此争先恐后昂扬向上的人的加入，整个秋景便更加鲜活生动了起来。

朝上看，雄鹰正搏击长空；往下瞧，游鱼正飞翔水中。不说鹰飞长空而说鹰击长空，更显雄鹰之矫捷；不说鱼游浅底而说鱼翔浅底，更显游鱼之飞快。山水皆从面上写，生灵则皆从点上写。从面上写的山水正是从点上写的生灵的活动背景。

山上长的，天空飞的，水里游的，无一不自在，无一不奔放，于是诗人总结道："万类霜天竞自由。"

百舸"争"，万类"竞"，"百"与"万"相对，"争"与"竞"相应。把秋景之壮、之美、之奔放展现得淋漓尽致。

以上写景，有远近结合、俯仰结合、动静结合、点面结合，还有色彩映衬。而景物的种种妙处，皆从一个"看"字上来。

看到如此生机勃勃的秋景，诗人不禁思考承载这一切的苍茫大地，这个国家的命运，将由谁来主宰，也就是"问苍茫大地，谁主沉浮？"

毛泽东1893年出生于湖南湘潭韶山冲一个普通的农民家庭；1902到1909年，接受中国传统的启蒙教育；1910年秋，受到康有为、梁启超改良思想的影响；1911年春，读中学，拥护孙中山；1913年春，在师范学校预科读书；1914年秋，成为《新青年》的忠实读者；1918年，做北京大学图书馆管理员，得到李大钊的帮助，接受俄国十月革命的思想；1919年，响应五四运动；1921年，参加共产党第一次党代会。

通过他以上人生履历我们了解到，毛泽东经历过百日维新、辛亥革命和五四运动，中国到底该何去何从，是他长时间思索的宏大问题，所以此刻才自然而然地发出了这样的疑问。

是呀，谁主沉浮呢？诗人不忙回答，而是回忆起了往昔的峥嵘岁月。

他说"恰同学少年，风华正茂；书生意气，挥斥方遒。指点江山，激扬文字，粪土当年万户侯"。他们青春洋溢，他们意气风发，他们不贪功名，他们心怀天下。千古文人侠客梦，书生跃马气更豪。

最后，诗人用一个极富画面感的场景结束了全诗：曾记否，到中流击水，浪遏飞舟？看到"中流"二字，会想到闻鸡起舞的祖逖击楫中流，他说北伐若不成功就不回家；看到"中流"二字，会想到"中流砥柱"，还会想到"弄潮儿向潮头立，手把红旗旗不湿"。所以我们可以理解为诗人在借江心游泳这一典型事件写自己的报国之志，写自己以"中流砥柱"自许，勇做"弄潮儿"的决心与信念。

说到游泳，从63岁到73岁的十年间，毛泽东曾18次畅游长江，有时风平浪静，有时浊浪排空。但就算是惊涛骇浪，他也"不管风吹浪打，胜似闲庭信步"。73岁，还最后一次畅游长江，历时65分钟。

上片以"看"领起，万类霜天竞自由；下片以"忆"领起，往昔峥嵘岁月稠。

上片问谁主沉浮，时代压重担；下片答同学少年，个人勇担当。

毛泽东17岁写出"孩儿立志出乡关，学不成名誓不还"，32岁写出"问苍茫大地，谁主沉浮？"42岁长征期间，写出"红军不怕远征难，万水千山只等闲""不到长城非好汉，屈指行程二万"和"雄关漫道真如铁，而今迈步从头越"，43岁写出"数风流人物，还看今朝！"56岁也就是1949年解放前夕写出"钟山风雨起苍黄，百万雄师过大江"，61岁也就是完成第一个五年计划后写出"萧瑟秋风今又是，换了人间"，66岁也就是完成第二个五年计划后重回老家韶山时写出"为有牺牲多壮志，敢教日月换新天"，72岁重上当年会师之处的井冈山时写出"世上无难事，只要肯登攀"。

一路走来，他昂首阔步，从不退却，任你枪林弹雨，任你雪山草地。

1946年，一位美国记者问毛泽东："如果美国使用原子炸弹呢？如果美国从冰岛、冲绳岛以及中国的基地轰炸苏联呢？"

毛泽东用坚定的口吻回答道："原子弹是美国反动派用来吓人的一只纸老虎，看样子可怕，实际上并不可怕。当然，原子弹是一种大规模屠杀的武器，但是决定战争胜败的是人民，而不是一两件新式武器。"

一切反动派都是纸老虎。在他之前，谁敢这么说呢？

总有人心怀远大，总有人鼠目寸光；总有人畏畏缩缩，总有人志气如钢。

总有人谈笑自若，总有人慌里慌张；总有人悲悲切切，总有人豪情满腔。

人的生命不在于长短，而在于质量。

与天斗其乐无穷，与地斗其乐无穷，长征不怕，巨浪不怕，老蒋不怕，美帝不怕，自信坚定，抱负远大，这，就是一代伟人毛泽东！

有人说毛主席神奇，周总理圣洁，所以当时的中国虽然又穷又弱，却神圣不可侵犯。思之信然。

大部分诗作是靠才华写就，而有的诗作比如毛泽东的诗作则是以气驭诗。没有他那样的胸襟与气魄，是断然写不出的，也就是说是无法复制的。毛泽东是一个有着强烈的家国意识的人。也正是这样的人，才可能写出《沁园春·长沙》这样胸怀天下的激扬豪迈之词。也正是这样的人，才能把一件事做成伟业，把一条路走成史诗。

看吧，那大船正乘风破浪；看吧，那雄鹰正展翅翱翔；看吧，那少年正中流击水；看吧，那中国正奋发图强！

当你胸中的豪迈可以充盈天地的时候，无论什么障碍，都无法将你阻挡！

2020-09-28

转身即永别

——读茹志鹃《百合花》

好多年前读过李汉荣先生的散文《转身》。文中写道："一转身，那个动人的身影就不见了。在人海里，想再次打捞到她，再次与她相遇，哪怕匆匆一瞬，都是不可能了，不可能了。"茹志鹃的《百合花》亦是如此。那个小通讯员说离开就离开了，无论是文中的"我"还是新媳妇儿，还是那些想对他说一声"谢谢"的战友，都无法再与他见面。一转身，竟是阴阳两隔，感动感伤的泪水还未来得及从惊讶错愕的脸颊上滑落。

文章从"1946年的中秋"写起，交代了时间，也交代了一个特殊的日子。

中秋当然是一个团圆的日子，哪怕不能团圆，也可以"千里共婵娟"，或者"天涯共此时"。总之，应该是美好温暖的一天。文章开篇描写的景物也确实很美，庄稼青翠水绿，雨滴闪烁晶莹，空气清新温润，若不是作者提醒我们还有敌人的冷炮在响，还有"包扎所"这样充满血泪的地方要去，我真觉得自己步入的是一个美好静谧的乡村世界。

就在这样充满诗情画意的环境之中，"我"遇到了本文的主人公——小通讯员。

景物的美好衬托的是人的美好。

小通讯员是充满活力的，你看他"撒开大步，一直走在我前面"。但他又是善解人意的，因为他"没让我撂得太远，但也不让我走近，总是和我保持着丈把远的距离"。所以"我"一开始为他把我撂了几丈远而生气，后来就"不禁对这通讯员发生了兴趣"。我想不光是文中的"我"，文字外的我们应该也对这通讯员发生了兴趣吧？

随着文中的"我"看去，他个子高挑，肩膀厚实，军装虽已洗得发旧，但绑腿却直打到膝盖上，看起来精神抖擞，干净利落。尤其有意思的是，他的枪筒里还插着几根树枝。原来，他还是一个有些孩子气的热爱自然热爱生活的人。于是，好感又增进了一层。

"我"向他提出休息，他远远地坐下来，还背向着"我"，让"我"又有些"着恼"，"我"的情绪一会儿好，一会儿差，带动着文章的张与弛，文似看山不喜平，真是好看。

小通讯员躲着"我"，那"我"就偏偏挨着他坐，还"面对着他坐下来"。而且一坐下就开始打量他。小通讯员道高一尺，无奈"我"魔高一丈。两人一个故意拉开距离，一个故意缩短距离，各有各的心思，各有各的办法，真是绝配。文中写道：

他见我挨他坐下，立即张皇起来，好像他身边埋下了一颗定时炸弹，局促不安，掉过脸去不好，不掉过去又不行，想站起来又不好意思。我拼命忍住笑，随便地问他是哪里人。他没回答，脸涨得像个关公，讷讷半晌，才说清自己是天目山人。

有感于斯文

"张皇"是惊慌不安的样子,惊慌到什么程度呢?像陪着一颗定时炸弹。以前听过一首歌叫《女人是老虎》,小通讯员这里倒好——女人是定时炸弹。定时炸弹好歹还有机会进行破拆,但这大活人却是躲不过的。所以就搞得他"掉过脸去不好,不掉过去又不行,想站起来又不好意思"。这样一来,"我"的目的就达到了,气自然也就消了,但"我"毕竟还是魔高一丈的,魔高一丈的基本标准就是喜怒不形于色,所以"我拼命忍住笑"。作者虽忍住了,但我读到"拼命"二字,读到小通讯员的窘状,还是忍不住笑了出来。哈哈,大姐你真行,你这不是欺负人家男孩子么?

既然已经占据了心理优势,那就开始问长问短,问多大了,问啥时候参加革命的,问怎么参加革命的,问家里还有什么人,这都没什么,但最后一个问题"你还没娶媳妇吧"着实把小战士吓坏了,也把我惊着了。我说大姐,你啥意思呀?刚才是欺负,现在改调戏了?你一个大姑娘家,比小战士早参军几年而已,就这么吓唬人家孩子,合适吗?

他飞红了脸,更加忸怩起来,两只手不停地数摸着腰皮带上的扣眼。半晌他才低下了头,憨憨地笑了一下,摇了摇头。

"飞红了脸",像不像女孩儿?"低下了头",像不像女孩儿?"两只手不停地数摸着腰皮带上的扣眼",像不像女孩儿一点点儿摩挲自己的大辫子?

如此细致的描写,如此憨厚的战士,如此质朴的人儿。对这样一个纯洁得像一块玉的大男孩儿,谁还忍心再去捉弄他呢?所以"我还想问他有没有对象,但看到他这样子,只得把嘴里的话又咽了下去"。大姐,你幸亏把话咽回去了,你再往下问,这孩子该哭了。

"我"看似温情关心,其实步步紧逼;小通讯员看似老实作答,其实节节败退。看他摘帽子，拭汗水，又狼狈，又可爱。文中写道："这是我的不是，人家走路都没出一滴汗，为了我跟他说话，却害他出了这一头大汗，这都怪我了。"大姐，当然怪你了，难道怪天怪地怪树枝么？不过问题是，听你的语气，好像没在自责，而在炫耀呀。不躲着本姑娘我了是吧？出汗了是吧？怕了是吧？哈哈，怪我喽！

第一回合，"我"完胜。

接着，是借被子事件。

小通讯员是深明大义的，你看他虽然不是很想去和"我"借被子，但"踌躇了一下，便和我一起去了"。

为何踌躇？很快我们就知道了。

小通讯员借不到被子，还说对方那个女同志是死封建。结果"我"一去才知道，人家是个年轻媳妇儿，而且还是个"长得很好看"的女子。小通讯员面对同为革命同志没有介绍长相的"我"都那样局促，见到素未谋面长相好看的新媳妇儿，把事情搞砸就再正常不过了。

新媳妇不光长得好看，而且爱笑。文中写道："她听着，脸扭向里面，尽咬着嘴唇笑。我说完了，她也不作声，还是低头咬着嘴唇，好像忍了一肚子的笑料没笑完。"

新媳妇为什么笑？因为小通讯员好玩儿。小通讯员为什么好玩儿？你读读他和"我"在路上的场景就明白了。小通讯员太惨了，他好像最怕女人，却偏偏先碰上个大姑娘，又碰上个小媳妇儿，而且两个人还都擅长"憋笑"。

但新媳妇也是深明大义的，她虽考虑了半晌，却还是"转身进去抱被子了"。

我手里已捧满了被子，就一努嘴，叫通讯员来拿。没想到他竟扬起脸，装作没看见。我只好开口叫他，他这才绷了脸，垂着眼皮，上去接过被子，慌慌张张地转身就走。不想他一步还没走出去，就听见"嘶"的一声，衣服挂住了门钩，在肩膀处，挂下一片布来，口子撕得不小。

一会儿"扬脸"，一会儿"绷脸"，本应冷酷到底，却不料上一秒还高冷傲娇，下一秒就把衣服给撕了个大口子，也难怪新媳妇终于笑了出来。

新媳妇借被子前为何会考虑半晌呢？事后得知，原来，那是人家唯一的嫁妆……

这已经够折磨这位善良朴实的小通讯员了，"我"却还神补刀说人家为了这条被子"不知起早熬夜，多干了多少零活儿"。把个小通讯员急得要把被子给人家送回去。经过"我"一番入情入理的分析，才没送。

第二回合，还是"我"完胜。

然后，便是告别了。

他不怕辛苦，"就把我抱着的被子，统统抓过去，左一条、右一条地披挂在自己肩上，大踏步地走了"。

他关怀同志，摸出两个馒头放在路边石头上，说："给你开饭啦！"

他忠于革命，说完话就"脚不点地地走了"，对肩膀衣服挂破的地方丝毫不在意。

他热爱生活，"背的枪筒里不知在什么时候又多了一枝野菊花"。

他就是这样可爱，让"我已从心底爱上了这个傻乎乎的小同乡"。

越是完胜他，就越是被他征服，被他金子一般的心、玉一般的人、泉水一般的灵魂征服。

但谁能想到，这次普普通通的告别竟是永别呢？两人相识相聚原来只有不到一天的时间。

中秋之夜，明月饱满，在这本应万家团圆的日子，我们却听到了小通讯员牺牲的消息。他是为保全战友们，自己趴到手榴弹上的。

面对女人时，他会像个女孩儿一样羞涩不安；但面对危难时，他却像个真正的男子汉一样殒身不恤。

衣服上的破洞还在，他送我的两个已经干硬的馒头还在，他还是那样年轻稚气，却再也不会醒来。

原来忸怩羞涩的新媳妇庄严而虔诚地"给他拭着身子"，给他"一针一线地"缝补肩膀上的那个破洞，最后将那条绣有百合花图案的被子盖在他原本活力满满的身上。

所有人都不再笑了，眼泪夺眶而出。

请允许我将一部电视剧中的插曲进行如下改编：浩浩愁，茫茫劫。短歌终，明月缺。郁郁山河，中有碧血。碧亦有时尽，血亦有时灭。一缕英魂无断绝，转身即永别！

扛毛竹的少年，绑腿打到膝盖处的少年，经常脸红的少年，有些孩子气的少年，枪筒里插着野菊花的少年，不怕苦累的少年，扑在手榴弹上的少年，到死还穿着破衣服的少年，到死也不知道他姓甚名谁的少年……

我不知道你是谁，但我知道你为了谁。

中秋、明月、笑声。

战争、黑夜、泪水。

转身即永别，一寸山河一寸血。美丽的百合花呀，愿你伴战士的英魂——常开不灭。

2020-11-07

生命中最美丽的一天
——读铁凝《哦，香雪》

如果我问你生命中最美丽的一天是哪一天，也许你会想一想再回答我。但如果我拿这个问题去问铁凝笔下的香雪，相信她一定会回答登上火车换回铅笔盒，然后一个人步行三十里路回家的那一天。那一天，是香雪生命中最美丽的一天。

铁凝在《哦，香雪》的开篇这样写道："如果不是有人发明了火车，如果不是有人把铁轨铺进深山，你怎么也不会发现台儿沟这个小村。它和它的十几户乡亲，一心一意掩藏在大山那深深的皱褶里，从春到夏，从秋到冬，默默地接受着大山任意给予的温存和粗暴。"

两个"如果"告诉我们：台儿沟是多么的不起眼，他们被发现与否完全取决于外界，自己什么都做不了。所以铁凝才说他们"一心一意"掩藏自己，也就是"一心一意"被忽略。谁会"一心一意"被忽略呢？当然是那些卑微得不能再卑微且对自己的卑微身份高度认同的人。他们不认同自己的身份又能怎么样呢？十几户乡亲，被莽莽苍苍的大山包围，就像地球之于无边无际又无始无终的宇宙，小到可以忽略不计。铁凝不说"一年四季"而说"从春到夏，从秋到冬"，这样说更能体现台儿沟一个季节又一个季节的无望与无助。"默默地接受大山任意给予的温存和粗暴"则又写出台儿沟面对自然桎梏的无力与无奈。

无望无助、无力无奈，这就是毫无存在感、一无所有的台儿沟，也是主人公香雪成长的地方。

台儿沟是荒僻的，连钢筋铁骨的火车轨道在这里都需要试探着前进。山路蜿蜒，隧道幽深；台儿沟是贫瘠的，没人出远门，没人来访友，没有石油储存，更没有金矿埋藏。台儿沟不具备挽住火车的力量，它是一个被遗忘或者说被抛弃的角落，如同一个发育不健全而被狠心父母抛弃的孩子。"挽住"二字，读来恻然。

这个地方还有救么？自生自灭的日子何时才能到头？

有救，因为一无所有的台儿沟也有年轻人，只要有年轻人，而且这年轻人足够勇敢，就有救。这年轻人是一群姑娘，一群爱美并渴望被外界关注的姑娘。虽然她们"贪婪、专注"的样子显得没见过世面，虽然她们"互相捶打"和"娇嗔尖叫"的样子显得做作而夸张，虽然她们穿出最好的衣裳可能还会被城里人笑话土气或过时，但她们依然为了火车停留此地这宝贵的一分钟倾其所有。

看她们"刚把晚饭端上桌就慌了神"，看她们"心不在焉地胡乱吃几口，扔下碗就开始梳妆打扮"，看她们"洗净蒙受了一天的黄土、风尘，露出粗糙、红润的面色，把头发梳得乌亮"，看她们"比赛着穿出最好的衣裳"，看她们"尽管火车到站时已经天黑"，却"还是按照自己的心思，刻意斟酌着服饰和容貌"，看她们在夜色中"朝村口，朝火车经过的地方跑去"。

这哪里是去看火车，分明是去迎候心爱的恋人。只是那不带走一片云彩的火车，明白这些山里姑娘那满心的思慕与渴望么？

有感于斯文

第一个跑出门的是我们的主人公香雪，然后是本文的重要配角凤娇。香雪第一个跑出去，但当火车停下时，她却躲到了人群后面，因为她害怕，她害怕火车那巨大的车头，她的心理感受是"车头那么雄壮地喷吐着白雾，仿佛一口气就能把台儿沟吸进肚里。它那撼天动地的轰鸣也叫她感到恐惧。在它跟前，她简直像一叶没根的小草"。

"一口气把台儿沟吸进肚里"，这是把车头当作怪兽来写的。在这头象征城市文明的钢铁怪兽面前，香雪只是山中一叶没根的小草，既渺小，又轻飘。这样无比渴望外来文明总是跑在最前面又无比害怕外来文明常常躲在最后边的香雪，怎不让人心疼呢？

凤娇和大部分姑娘关注的是金项链和手表等实用外露的东西，香雪关注的却是皮书包，虽然那种书包在"小城市都随处可见"。文中写道："尽管姑娘们对香雪的发现总是不感兴趣，但她们还是围了上来。"香雪是这群姑娘中独一无二的存在。

这世上总有一些人会和周边人不一样，这是命运的恩赐，也是自我的催生。

凤娇也想和别的姑娘不一样，比如她有意识地一惊一乍，比如在"北京话"问话时故意大胆回敬，比如在火车要开动时把整篮子鸡蛋塞给"北京话"却不着急要鸡蛋钱。她这些做法都是为了引起他的注意。她根本不知道或不愿知道对方是不是有相好的，事实证明对方是有的。

"北京话"不可能不知道凤娇的心思，但他不做任何点破，玩儿着暧昧，坦然接受这位山里姑娘满溢的爱意。当我们想到这一节，再返回去读"呦，我的妈呀！你踩着我脚啦！"和"我撕了你的嘴！"以及"呦，我们小，你就老了吗？"等凤娇式泼辣的台词，读"好像姑娘们真在贬低她的什么人一样"和"不知怎么的，她认定他的脸绝不是捂白的，那是天生"等凤娇式的羞涩与倔强的心理反应，相信各位读者朋友会和我一样——不由得一阵心酸。

强势文化对弱势文化的冲击与占领是方方面面的，在城市男与山村女之间，则显得尤为残酷。

想起毕飞宇《玉米》中农村的人尖儿玉米嫁给一个庸俗不堪的城里人郭家兴的一段描写："玉米什么时候出嫁，完全取决于郭家兴什么时候想娶。郭家兴什么时候想娶，则又取决于郭家兴的原配什么时候断气。"玉米没有选择的权利，凤娇也没有，凤娇甚至没有知道真相的权利。

姑娘们不知道电扇，不知道火车上怎么烧开水，甚至不知道城里人一天吃几顿饭。她们的问题太土气也太幼稚，"北京话"不笑话他们已经是一种"垂爱"了。

"他的两条长腿灵巧地向上一跨就上了车"，说走就走，了无牵挂。"绿色的车门就在姑娘们面前沉重地合上了"。为何如此沉重？因为合上的不仅仅是一扇车门，更是一扇通向外面的世界。列车宁可"一头扎进黑暗"，也不愿在姑娘们月亮一样明星星一样亮的眼波中停留，所以铁凝写"把她们撇在冰冷的铁轨旁边"，所以"一切又恢复了寂静，静得叫人惆怅"。

姑娘们讨论城里人头上的金圈圈是几个，讨论"北京话"的脸为何那么白，但这些讨论，都已与疾驰而去的火车无关。

对火车上的人而言，这是平淡无奇的一分钟，有的人伏案沉睡，有的人相谈甚欢。愿意看向这群山里姑娘的人想来并不多。但对姑娘们而言，这却是"五彩缤纷的一分钟"，饱含着她们的喜怒哀乐。她们要得如此之少，少到给一滴水就觉得自己拥有了一片广阔的湖泊。

日子久了，她们开始跟乘客们做生意，她们"踮着脚尖"，她们"双臂伸直"，她们把台儿沟人们珍视的鸡蛋、红枣"举上窗口"，她们和城里人有着同样高贵的灵魂，却必须做出仰面视人的动作。这动作让她们看起来虔诚而又卑微。

有感于斯文

香雪是姑娘中做买卖最顺利的一个。火车来之前,她跑得最靠前,火车一来,她却躲到最后面,因为她胆子小。但也正因为她话不多,胆子小,却更容易赢得乘客的信任。上帝因其胆怯为她锁上了一扇门,却也因其胆怯为她开了一扇窗。世上的很多事,就是这样意料之外,又情理之中。

文中写道:

旅客们爱买她的货,因为她是那么信任地瞧着你,那洁如水晶的眼睛告诉你,站在车窗下的这个女孩子还不知道什么叫受骗。她还不知道怎么讲价钱,只说:"你看着给吧。"你望着她那洁净得仿佛一分钟前才诞生的面孔,望着她那柔软得宛若红缎子似的嘴唇,心中会升起一种美好的感情。你不忍心跟这样的小姑娘耍滑头,在她面前,再爱计较的人也会变得慷慨大度。

她待人真诚,源自她对自己的真诚;她待人简单,源自她对自己的简单。香雪是一朵洁白的莲花,一尘不染;是一块温润的璞玉,莹润剔透。纯洁美好的人或事物可以瞬间净化和静化人们的身心。这是造物主对这些纯洁美好的人或事物的恩赐,也是对能有机会被其净化和静化的人的恩赐。

香雪打听"北京的大学要不要台儿沟人",看到没有?香雪一问就是上大学的事儿。这孩子多么有志气呀。虽然她不敢说"招不招"而说"要不要",显得很卑微,但她渴望去首都,去大城市,去外面最美好的世界。她还打听"配乐诗朗诵"是怎么回事儿,香雪有着一颗其他女孩子所没有的诗意的心灵。她还打听自动开合的铅笔盒的价钱,为此还追了火车好远。

美丽的香雪要的东西,和别人不一样。因为她是学生,而且是台儿沟这个小山窝窝里唯一考上初中的人。

台儿沟没有学校,所以香雪每天上学要到十五里以外的公社。她的同学会故意一遍遍问她每天吃几顿饭,她的同桌会故意"把自己那只宽大的泡沫塑料铅笔盒摆弄得哒哒乱响"。在同学眼中是异类,在同乡眼中还是异类。香雪只能孤军奋战。她友好,她毫无侵略性,但这些美好的性格特点依然不足以为她换来初中同学的尊重。贫穷,是一件多么可怕的事情呀。它不仅可以将人置于泥潭般的困境,还可以将人打入孤独的冷宫。

幸亏香雪意识到这是不光彩的,虽然就像过了那么久她才知道同桌的铅笔盒能自动开合是因为里面有磁铁一样,但她总算知道了。知道了,就有前进的希望!

她攒鸡蛋,她等火车,她为了一个城里人眼中再普通不过的铅笔盒似乎要用尽自己所有的勇气与能量。你看她为了寻找铅笔盒"顺着车身不停地跑着",看她"尽量高高地踮起脚尖",看她发现铅笔盒后"放下篮子,心跳着,双手紧紧扒住窗框",看她在被乘务员拉开后"断定它属于靠窗的那位女学生模样的姑娘时,就果断地跑过去敲起了玻璃",看她被女学生拒绝后犹豫片刻便"朝车门跑去",看她克服犹豫,"轻巧地跃上了踏板"。曾经胆怯的香雪,在这奔跑与寻觅的过程中,如《阿甘正传》中的主人公阿甘,完成了一次生命的跨越。

火车上,香雪得知"北京话"是有爱人的,她"替凤娇委屈,替台儿沟委屈"。如果说跃上火车意味着香雪从胆怯变为勇敢,那此时的"委屈"则意味着香雪从蒙昧转为理性。一个勇敢与理性兼备的人,定是新生活的拥有者。

香雪不会让人看不起,她不白拿别人的东西,你看她"猛然把篮子塞到女学生的座位下面",然后"迅速离开";你看她拒绝了"北京话"让她投靠其亲戚的好意;你看她"只是一心一意地想:赶快走回去,明天理直气壮地去上学,理直气壮地打开书包,把'它'摆在桌上"。香雪是一个来自大山的自尊心极强的好姑娘。

香雪也会害怕,也会"缩起身子"坐在铁轨上。三十里路,对一个既怕陌生的西山口、黑黝黝的大山、叫人心惊肉跳的寂静,又怕风中的小树林和小树林发出的窸窸窣窣的声音的女孩子来说,不仅是挑战,更是折磨。

但香雪毕竟是香雪,在满月的感召下,在闪闪发亮的小盒子的鼓舞下,在心中豪情的激荡下,我们的香雪如同高尔基笔下取出心脏来为族人照亮前路的丹柯那样,如同披坚执锐的法国传奇英雄圣女贞德那样,一路向前!

她不再害怕了,她"跨着大步",她"加快脚步",她憧憬着台儿沟人再也不会被人看不起的美好未来,她朝隧道"冲去"。

香雪想快点跑过去,但腿为什么变得异常沉重?她站在枕木上,回头望着笔直的铁轨,铁轨在月亮的照耀下泛着清淡的光,它冷静地记载着香雪的路程。她忽然觉得心头一紧,不知怎么的就哭了起来,那是欢乐的泪水、满足的泪水。面对严峻而又温厚的大山,她心中升起一种从未有过的骄傲。她用手背抹净眼泪,拿下插在辫子里的那根草茎,然后举起铅笔盒,迎着对面的人群跑去。

小溪高唱,明月在天。为什么她的眼中饱含泪水?因为这地理意义上的征程与心灵意义上的蜕变,只有她自己懂。

黑暗被月光照彻,畏惧被勇气消解,孤独被同伴融化,卑微被骄傲驱逐。香雪举着如同胜利旗帜一样的铅笔盒,迎着她的台儿沟以及台儿沟里的姐妹们走去。姑娘们欢乐地呐喊着,古老的群山也被感动得战栗。此时,我多想和姑娘们一起迎着我们共同的英雄香雪跑去,并和她们，和群山，一起大声呼喊："哦，香雪！香雪！"

想起了那首《小小的我》："天地间走来了小小的我，噢，小小的我。不要问我姓什么，噢，叫什么。我是山间一滴水，也有生命的浪花；我是地上一棵小草，也有生命的绿色。小小的我，小小的我，投入激流就是大河；小小的我，小小的我，拥抱大地就是春之歌。"

火车威严，那就踏上火车；大山古老，那就唤醒大山；大河汹涌，那就投入激流；大地广阔，那就拥抱莽原。反正不等闲，反正要改变，反正不沉默，反正要呐喊，反正要用一双脚板酣畅淋漓地把未知的世界量遍。

曾经无望无助、无力无奈，如今自信坚强、勇敢豪迈。

星火微弱，孤灯不灭；大地赤子，心如明月。这是香雪生命中最美丽的一天，因为在这一天，那个挎着一篮子鸡蛋"顺着车身不停地跑着"看似狼狈慌乱实则倔强坚定的姑娘破茧——成蝶！

2020-12-29

有感于斯文

唯 有 深 爱
——读朱自清《背影》

朱自清先生的《背影》和龙应台女士的《目送》都是极有名的写亲情的文章，与之相关的鉴赏与评论也非常非常多。再去赘述几句，确实需要一些勇气。个人觉得《背影》比《目送》更质朴也更动人。《目送》最后还有对人生聚散无常的哲思体悟，而《背影》的最后却只有一句"我不知何时再能与他相见"。

虽然同为双亲，但父亲与母亲是完全不同的存在，中国的父亲尤其不同。我们的父爱往往更内敛，更深沉，父子之间的那种父爱尤其如此。我们只需读一读文中父亲说的有限的几句话就明白了。

第一处，安慰流泪的儿子所说的话。

那年冬天，祖母死了，父亲的差使也交卸了，正是祸不单行的日子。我从北京到徐州，打算跟着父亲奔丧回家。到徐州见着父亲，看见满院狼藉的东西，又想起祖母，不禁簌簌地流下眼泪。父亲说："事已如此，不必难过，好在天无绝人之路！"

父亲的母亲去世了，自己的差使也没了，且正逢令人身心生寒的冬天，按理说他肯定比作者还要悲痛，他才是更需要被安慰的那一个。但在这种心境下他还能说出"不必难过"四个字，实属不易。唯有深爱，才能铸就这样的坚强与温暖。

第二处，解释为何要亲自送儿子所说的话。

第二日上午便须渡江到浦口，下午上车北去。父亲因为事忙，本已说定不送我，叫旅馆里一个熟识的茶房陪我同去。他再三嘱咐茶房，甚是仔细。但他终于不放心，怕茶房不妥帖；颇踌躇了一会。其实我那年已二十岁，北京已来往过两三次，是没有什么要紧的了。他踌躇了一会，终于决定还是自己送我去。我再三劝他不必去；他只说："不要紧，他们去不好！"

本已说定，茶房熟识，再三叮嘱，我已长大，我曾去过，五个不必送的条件加在一起，本可以不必去送了，何况自己也"颇踌躇了一会儿"，但还是决定自己去送。"他们去不好"，因为他们不是自己；"他们去不好"，因为他们送的不是自己的儿子。唯有深爱，才有这样的不舍得与不放心。

第三处，提出去给儿子买橘子时所说的话。

我说道："爸爸，你走吧。"他往车外看了看，说："我买几个橘子去。你就在此地，不要走动。"

橘子并不是什么稀罕之物，但当父亲的，还是想为孩子买一些东西。孩子已经二十多岁了，但当父亲的还是像叮嘱小孩子一样，让朱自清"不要走动"。唯有深爱，才会永远把孩子当作孩子。也唯有在父母眼中，我们做儿女的才永远都不会长大。

朱自清在其散文《冬天》中曾这样写自己小时候吃白水豆腐的经历：父亲得常常站起来，微微地仰着脸，觑着眼睛，从氤氲的热气里伸进筷子，夹起豆腐，一一地放在我们的酱油碟里。我们有时也自己动手，但炉子实在太高了，总还是坐享其成的多。这并不是吃饭，只是玩儿。父亲说晚上冷，吃了大家暖和些。我们都喜欢这种白水豆腐；一上桌就眼巴巴望着那锅，等着那热气，等着热气里从父亲筷子上掉下来的豆腐。

白水豆腐是多么平凡简单的食物，但因为是在冬天吃，而且是从父亲的筷子上掉下，便"都喜欢"。就像林清玄写的《长途跋涉的肉羹》中父亲长途跋涉带回的肉羹一样，也许不一定味道多么鲜美，但因为带着父亲爱的温度，作者便觉得无比美味。橘子也好、白水豆腐和肉羹也好，都是父爱的表达。

第四处，告别儿子时所说的话。

过铁道时，他先将橘子散放在地上，自己慢慢爬下，再抱起橘子走。到这边时，我赶紧去搀他。他和我走到车上，将橘子一股脑儿放在我的皮大衣上。于是扑扑衣上的泥土，心里很轻松似的。过一会说："我走了，到那边来信！"

儿子在跟父亲告别时说的是"你走吧"，父亲买回橘子后跟儿子告别时说的是"我走了"，父子之间告别的对话，简单得不能再简单。唯有深爱，才能如此简单，又如此动人。同样是告别，金庸《倚天屠龙记》中赵敏为了爱情与家庭决裂，后来她再次见到了自己的父亲汝阳王，汝阳王本已走出十余丈，却忽然回过身来说："敏敏，你的伤势不碍么？身上带得有钱么？"简单的两句问话，尽显一位父亲的慈爱、担心与忧伤。

第五处，离开时安慰儿子所说的话。

我望着他走出去。他走了几步，回过头看见我，说："进去吧，里边没人。"等他的背影混入来来往往的人里，再找不着了，我便进来坐下，我的眼泪又来了。

父亲走了，儿子深情地望着父亲；儿子远了，父亲亦不舍地回望儿子。朱自清不写"深情"，也不写"不舍"，语言极为质朴。但血浓于水，彼此凝望之间，一切已尽在不言中。按理说此时已不用再说什么话了，但父亲一定是怕作者难过，于是安慰道："进去吧，里边没人。"不说"别难过"，而说"进去吧"，唯有深爱，才能如此含蓄，又如此暖心。

电影《佐贺的超级阿嬷》最后：昭广告别与之一起生活多年的阿嬷回家，阿嬷没去送行，却在外孙离去时一边洗衣服一边对着河水哭喊"不要走"。父亲不哭，父亲不挽留，父亲只会说"进去吧"，然后便转身离开，留给朱自清一个平凡的背影。

第六处，父亲来信里所说的话。

我北来后，他写了一信给我，信中说道："我身体平安，唯膀子疼痛厉害，举箸提笔，诸多不便，大约大去之期不远矣。"我读到此处，在晶莹的泪光中，又看见那肥胖的、青布棉袍黑布马褂的背影。唉！我不知何时再能与他相见！

有感于斯文

先说"身体平安",又说"大去之期"不远。看似前后矛盾,实则写出了父亲既想安慰儿子,又担心自己再不能与儿子相见的复杂心情。安慰与担忧,都是因为深爱。他虽"举箸提笔,诸多不便",但还是给作者写了信来。努力写信,还是因为深爱。

平淡平实的语言,深切深邃的关爱,这就是《背影》里的父亲。他曾"出外谋生,独立支持,做了许多大事",他也曾照看行李,讨价还价,被儿子在心里暗笑其"迂"。他笨拙着去买橘子,笨拙着回到车上,他回头望向自己的骨肉,他努力给儿子写下一个个字,他担心自己再不能与儿子相见。任你再强的父亲,在儿女面前也自然而然会变得柔软,就像狂放不羁、睥睨天下的东邪黄药师,在寻找爱女黄蓉的过程中,也只是一个焦急可怜的老父亲。

唯有深爱,才会给人带来这样的改变,年老的父亲更是如此。因为越是年老就越是容易感到孤单,越是年老就越是害怕分离。

《背影》用小桥流水式的白描书写深爱,用平湖秋月般的冲淡彰显真情。再回首恍然如梦,再回首我心依旧,无边父爱在心中,漫漫长路伴我行。

背影渐远,人生悲欢。深爱永恒,天晴月圆。

那些简单平淡的话语背后,是一个父亲对其骨肉至亲永世的不舍与牵念。

2020-12-30

生命细微处的美好与感动
——读郁达夫《故都的秋》

足够喜欢一个人，或者是某种事物，心会更善感，眼波也会更温柔，而一颗善感的心和一汪温柔的眼波又可以让我们领略到这个世界更多的美好与感动。所以，能够让自己发自内心地去喜欢，是一种能力，也是一种幸福。

写秋天的诗文从古至今都不胜枚举。古诗有屈原的"袅袅兮秋风，洞庭波兮木叶下"，宋玉的"悲哉秋之为气也，萧瑟兮草木摇落而变衰"，庾信的"树树秋声，山山寒色"，陶渊明的"蔓草不复荣，园木空自凋"，王维的"荆溪白石出，天寒红叶稀"，孟浩然的"木落雁南渡，北风江上寒"，王实甫的"碧云天，黄花地，西风紧，北雁南飞"；散文有欧阳修的"其色惨淡，烟霏云敛；其容清明，天高日晶；其气栗冽，砭人肌骨；其意萧条，山川寂寥"，张晓风的"又记得小阳台上黄昏，视线的尽处是一列古老的城墙。在暮色和秋色的双重苍凉里，往往不知什么人加上一阵笛音的苍凉。我喜欢这种凄清的美"，老舍的"在秋天，水和蓝天一样的清凉。天上微微有些白云，水上微微有些波皱。天水之间，全是清明，温暖的空气，带着一点桂花的香味"，罗兰的"秋天的美，美在一份明澈。有人的眸子像秋，有人的风神像秋。代表秋天的枫树之美，并不仅在那经霜的素红；而更在那临风的飒爽。当叶子逐渐萧疏，秋林显出了它们的秀逸，那是一份不需任何点缀的洒脱与不在意俗世繁华的孤傲"……

总之，喜欢秋天的，多是有着诗人情怀和艺术灵魂的人。但是这样多的珠玉在前，再去写秋天，何从下笔呢？郁达夫应该没想那么多，他只是温温柔柔又悠悠闲闲地写了他的故都的秋，从容写罢，然后任由后人评说。

作者首先说"秋天，无论在什么地方的秋天，总是好的"，一个"总"字，写出了对秋天的无限喜爱。紧接着他话锋一转说："可是啊，北国的秋，却特别地来得清，来得静，来得悲凉。""特别"二字点出了北国之秋的出众之处，出众在哪里呢？在"清"，在"静"，在"悲凉"。按理说都"悲凉"了就没必要那么喜欢了吧？可是作者笔锋再一转说自己不远千里，"要从杭州赶上青岛，更要从青岛赶上北平来"。为何？就是要"饱尝一尝故都的秋味"。不用"欣赏"，不用"体味"，用"饱尝"，喜爱眷恋之情溢于言表。这样开篇，当然就吊足了读者的胃口——郁达夫会给我们呈现一个怎样的秋天呢？

但作者偏偏不着急，他宕开一笔，开始写江南的秋天。他说江南"秋的味，秋的色，秋的意境与姿态，总看不饱，尝不透，赏玩不到十足"。嫌弃之情，亦溢于言表。尤其那句"江南，秋当然也是有的"，什么叫"当然也是有的"？难道秋味不足便不配拥有秋天么？没办法，足够喜欢上某种特定地方的事物，其他地方的同类事物便难免相形见绌，这是任何人都无可奈何的事。

心里喜欢，就算用手指把眼睛捂住，喜欢之情也会顺着指缝从明亮的眼波中溜出来；心里不喜欢，就算嘴上说着喜欢，那眼神中的黯淡也是藏不住的。

那么故都的秋是怎样的呢？郁达夫还是不着急说，他只是说"秋并不是名花，也并不是美酒，那一种半开、半醉的状态，在领略秋的过程上，是不合适的"。好吧，你那么有学问，你说得都对，那故都的秋到底是怎样的呢？

作者说他"不逢北国之秋，已将近十年了"。近十年，还如此念念不忘，可见北国之秋的魅力。作者开始写北国之秋了，他一口气写了"陶然亭的芦花，钓鱼台的柳影，西山的虫唱，玉泉的夜月，潭柘寺的钟声"，真的是一口气，因为以上这些或视觉或听觉，或静态或动态，或植物或动物，或自然或人文，或白天或傍晚的景象，他都没作任何描述，只是简单罗列。我们还是不知道故都的秋的魅力源自何处。但就在我们有些泄气有些不耐烦的时候，作者写道："在北平即使不出门去吧，就是在皇城人海之中，租人家一椽破屋来住着，早晨起来，泡一碗浓茶，向院子一坐，你也能看得到很高很高的碧绿的天色，听得到青天下驯鸽的飞声。"不用出门刻意去寻找什么看秋的景点，也不需要远离人海，甚至不用在自己家，租房子也是租的破屋子，但就在这样一个破院落里，作者却给了我们一个原汁原味的秋天。为何泡茶？因为悠闲。为何在院子里一坐？还是因为悠闲。非悠闲者不能观此秋景，即"很高很高的碧绿的天色"，这也即是北国秋之"清"；非悠闲者不能听此秋声，即"青天下驯鸽的飞声"，这也即是北国秋之"静"，当然是以声衬静。

一"清"一"静"，清静无为，颇得道家精义。

作者可以悠闲到什么程度呢？他可以"从槐树叶底，朝东细数着一丝一丝漏下来的日光"，他可以"在破壁腰中，静对着像喇叭似的牵牛花（朝荣）的蓝朵。自然而然地也能够感觉到十分的秋意"。"一丝一丝"既写出了槐树枝叶之繁密，也写出了时光流转之缓慢。不这样缓慢，就不会有后面的"静对"牵牛花了。蓝色花朵则写出了内心的忧郁感伤。

因为大部分时候，慢不下来，也就意味着静不下来。你若想拥有一颗宁静的心灵，不妨先试试停下自己为生活辗转奔忙的脚步。这种自得其乐的心态和于细微处看世界的眼光与王维的"人闲桂花落"，与苏轼的"但少闲人如吾两人者耳"同根同源。

作者还可以悠闲到什么程度呢？他甚至一本正经地与我们讨论起哪种牵牛花最佳。他认为"以蓝色或白色者为佳，紫黑色次之，淡红色最下"。这已经够可以的了，他居然说"最好，还要在牵牛花底，教长着几根疏疏落落的尖细且长的秋草"，这样陪衬着还好看。古往今来，梅花呀，莲花呀，菊花呀，牡丹呀，都曾受过各种垂爱，但对牵牛花都能观察这样细致倾注如此感情的，就我所知，好像只有郁达夫一人。除了深爱，好像没有别的更好的解释。

读到这里，相信每个会心的读者都对后面的文字充满了期待。我一直觉得这个世上比理解更可贵的心理，便是会心，因为会心比理解更多了几分默契与温柔。

郁达夫接着写槐树的落蕊，他说"早晨起来，会铺得满地。脚踏上去，声音也没有，气味也没有"。注意，他之前可是对江南的秋色、秋味之淡表示过嫌弃的，为何此处无声无息的落蕊就让他这样怜爱呢？原来可以带给他"一点点极微细极柔软的触觉"，甚至连扫帚的丝纹都可以让他"既觉得细腻，又觉得清闲，潜意识下并且还觉得有点儿落寞"。

喜欢牵牛花也就罢了，但连无声无味的落蕊，连几条扫帚纹都可以让作者如此动情，这已经不是深爱能解释得了的，只能说是痴爱是爱不释手是人景合一了。

一下子就理解了作者所说的"悲凉"二字。因为心存悲凉，所以看这些无可奈何的落蕊和干干净净的大地，便会生出幻灭空寂之感。不心生"悲凉",可乎？

秋花落地，秋蝉凄切，何况这秋蝉还住在家家户户呢，何况这家家户户的屋子还那样低呢？黛玉写"谁家秋院无风入？何处秋窗无雨声？"那在郁达夫这里，就成了"谁家秋蝉不凄切？何处寒螀无悲声？"

"还有秋雨哩"，作者接着写道。一个"哩"字，带上了故都北平的韵味儿。他说："北方的秋雨，也似乎比南方的下得奇，下得有味，下得更像样。"开篇写北国的秋更为"清""静""悲凉"，此处则写北方的秋雨更"奇""有味""像样"，有意无意之间，便形成了照应。

为何"奇"呢？因为说下就下，说停就停；为何"有味"呢？因为有人在用北方人的方言议论这秋雨；为何"像样"呢？因为"一层秋雨一层凉"。前面有郁达夫悠闲地喝着茶看天，此处便有都市闲人咬着烟管聊天。又是在有意无意之间，便形成了照应。

郁达夫又像给我们介绍牵牛花哪种最佳那样给我们介绍起了北方人念"阵"字的特点，而且在最后还忘不了说一句"这念错的歧韵，倒来得正好"，与之前说牵牛花底来点儿陪衬会更好看，又形成了照应。

随着作者慢悠悠的文笔读到这里，相信你已经懂得了什么叫形散而神不散。不对，分明形也不散。

写了秋雨，写秋果。落花会让人自然想到"无可奈何花落去"，秋蝉会让人自然想到"寒蝉凄切，对长亭晚"，秋雨会让人自然想到"秋风秋雨愁煞人"，秋果则让人自然想到"雨中山果落，灯下草虫鸣"。四者果然都是悲凉之景。是啊，秋果成熟，便是秋的全盛时期，然后"等枣树叶落，枣子红完，西北风就要起来了，北方便是沙尘灰土的世界"，美好的秋景便宣布告别了。

郁达夫在后面的议论中言之凿凿地说："足见有感觉的动物，有情趣的人类，对于秋，总是一样地能特别引起深沉、幽远、严厉、萧索的感触来的。不单是诗人，就是被关闭在牢狱里的囚犯，到了秋天，我想也一定会感到一种不能自已的深情；秋之于人，何尝有国别，更何尝有人种阶级的区别呢？"是啊，没有差别，只要你有着和秋一样的故事，一样的心境。而这故事和心境，也"非要在北方，才感受得到底"。

  作者又一次拿南国之秋与北国之秋作对比，北国有"陶然亭的芦花，钓鱼台的柳影，西山的虫唱，玉泉的夜月，潭柘寺的钟声"，南国也有"廿四桥的明月，钱塘江的秋潮，普陀山的凉雾，荔枝湾的残荷"，照应何其工整。但再工整，在作者心目中，也是"色彩不浓，回味不永"。他甚至用了一组烟火气十足的比喻来说明这个道理，也不知他当时是不是正饿着肚子。他说南北之秋相比，"正像是黄酒之与白干，稀饭之与馍馍，鲈鱼之与大蟹，黄犬之与骆驼"。当他写到这里，你也就不难理解，他最后所说的"愿把寿命的三分之二折去"，去挽留那故都的秋了。

  悲凉又怎么样呢？悲凉正是秋应有之味。爱就爱个刻骨，痛就痛个断肠，喜就喜个肆意，悲就悲个随心。这不仅是秋应有之味，也是人生应有之味呀。人生，不应该这样酣畅淋漓快意来回么？所以，一定不要将《故都的秋》视为一篇悲伤凄凉之作，它分明是一支动听激扬的生命之歌！

  读罢《故都的秋》，我想：没有人愿意让自己的钱包干瘪，但情感是否干瘪，却不是每个人都在思考的事。郁达夫可以把一些平凡得不能再平凡的事物写得如此动人，但大多数人哪怕给了他"白干""馍馍"，也只能将其视为"黄酒""稀饭"，甚至视而不见。宝剑赠予莽夫，镜子佩于八戒，皆为人生悲哀之事。林清玄说："一个人没有钱是值得同情的，一个人一生都不知道梅花的香气一样值得悲悯。"是这样的。

  "人行明镜中，鸟度屏风里"的潇洒，"汲来江水烹新茗，买尽青山作画屏"的悠然，"明月松间照，清泉石上流"的宁静，"青箬笠，绿蓑衣，斜风细雨不须归"的跳脱都已经离我们越来越远了，尤其在这个节奏日益加快的时代。

也许，我们只有慢下来才能睁开慧眼，只有热爱起来才能会心一笑。慧眼常开，会心常有，才能足够幸福，才能哪怕知道它是悲凉的也追忆不已，才能在生命的细微处，发现那么多的美好与感动。这时的秋天，才更让人喜欢；这样的生命，也才更令人眷恋吧？

2021-01-09

所幸还有一个地方可去

——读朱自清《荷塘月色》

美景是具备疗愈功能的，不然为何会有那么多官场中人和江湖豪士选择隐居山水田园之间。

心情不好的时候，就去看看素雅淡泊的菊、挺拔傲岸的竹、风霜难侵的松和柔曼缠绵的柳。如果还是心情不好，就再去看看自由逍遥的鸟、流连花丛的蝶、清澈流淌的水和潇洒无拘的云。还是心情不好，就去看看温厚和谐的村庄、恬淡宁谧的田野、质朴活泼的牧童和清丽纯洁的浣女。当然还可以再看，再看……

为什么美景具备疗愈功能呢？我的理解是一来"无案牍之劳形"，也就是没了劳心劳力的俗务；二来山水田园较之城市视野更为开阔，方便舒缓身心；三来美好的事物会自然而然给人带来愉悦感；四来山川中生机勃勃的人与景物可以提升我们对生命的热爱程度。一生郁郁不得志的李白说："五岳寻仙不辞远，一生好入名山游。"为何？当然主要是为了自我疗愈，其次才是因为他贪玩儿。

所幸还有一个地方可去

朱自清先生那段时间心里颇不宁静,但他白天需要上班,需要面对各种俗务,实在没时间去什么山水田园,所幸清华园中还有一片荷塘,所幸还有这个地方可去,去做一次自我疗愈。这个地方白天没见过么?不是的,如作者所说是"日日都走"的,但作者想的是"在这满月的夜里,总该另有一番样子吧",于是等月亮渐渐升高之后,他便"悄悄地披了大衫,带上门出去"。"总该"二字写出了作者的主观意愿。至于是不是"另有一番样子",我们还不得而知。

我们随着作者的脚步走在一条曲折幽僻的小煤屑路上,这条路在夜晚非常寂寞,何况四周还长着许多蓊蓊郁郁的树呢,不过还好,因为有月亮在,就不那样阴森怕人了。我想,即使阴森怕人,作者也愿意走一走,因为总比内心的不宁静要好熬一些。

外在的恐惧,永远比不过人内心的压抑。

路上只有作者一个人,你看他背着手,踱着步,多像一个了不起的大人物。也确实是大人物,不然怎会觉得"这一片天地好像是我的"。他说他爱热闹,也爱宁静;爱群居,也爱独处。这一点我好像跟他一样,反正都是热爱生命以及可以欣赏各种美好的那种人。他说"什么都可以想,什么都可以不想,便觉是个自由的人"。这话对,想想就想,想不想就不想。随心而行,可不就是自由的人么?

他说:"我且受用这无边的荷香月色好了。"一个"且"字暗示读者这只是一次短暂的心灵休憩。那么,就让我们看看这个暂得自由的人带给我们一个怎样的"荷塘月色"吧。下面便是公认的全文的精华部分。

首先是"月下荷塘"。

作者先写荷叶,后写荷花,再写荷香,最后写流水。由远及近,从高到低,顺序不可调换。

荷叶是怎样的呢?是田田的,也就是荷叶相连;是亭亭的,也就是荷叶高耸。因为荷叶相连,所以才会"弥望";因为荷叶高耸,所以才像有着大长腿（叶柄）的舞女的裙。而且绝不是曳地长裙，而是芭蕾舞演员那种裙子。"田田"和"亭亭"等叠词可以舒缓节奏，更为所描之景增添了几分柔美。

荷花是怎样的呢？是白色的，有开着的，"袅娜地开着"，像柔美的女孩子；有没开的，"羞涩地打着朵"，像腼腆的女孩子。我发现朱自清先生非常喜欢用女孩子来打比方。接下来，博喻出现了。为何如明珠呢？因为在月光之下，白荷花显着分外明亮，如温庭筠的"枳花明驿墙"；为何如星星呢？因为白花为数不少；为何是碧天里的星星呢？因为本来就是"碧海青天夜夜心"，何况又是在碧绿的荷叶之中；为何要先比作明珠后比作星星呢？因为个体是一粒粒的明珠，群体就是碧天里的星星了；为何又如刚出浴的美人呢？因为它既洁净又美丽，洁净是因为它本就是出淤泥而不染的，何况又在如水的月光之下，美丽则是因为它穿着绿色的衣裙（叶子），挥舞着洁白的手臂（花蕊），睁着明亮的眼睛（花朵）。

荷香是怎样的呢？荷香是一缕一缕的。为何要比作远处高楼上渺茫的歌声呢？因为二者同样断断续续，若有若无，又同样可以带给人美好的感受。虽然一个是嗅觉，一个是听觉。为何是高楼上的歌声呢？因为高楼上的歌声才会传这么远呀。高楼上的歌声是男的声音还是女的声音呢？我猜是女的声音，而且是那种幽怨缠绵的声音。

微风来了，"叶子与花也有一丝的颤动。像闪电般，霎时传过荷塘的那边去了"。为何可以传得这么快呢？因为叶子是"田田"的，是"肩并肩密密地挨着"的。这才能牵一发而动全身。这样一来，"便宛然有了一道凝碧的波痕"。"波痕"一出现，也就自然而然引出了流水。那么流水是怎样的呢？只知道是脉脉的，也就是默默的，但被叶子遮住了，看不分明，却"更见风致"。读者朋友应该发现了，朱自清先生用的"脉脉"和"风致"两个词，还是让我们很自然就想到了女孩子，脉脉含情颇有风致的女孩子。

这样一路分析下来，我们会发现，每一个喻体都有依据，可谓处处美景，字字匠心。

"月下荷塘"已美丽至此，那"塘上月色"又该如何呢？

月色不比荷塘，是相对抽象的事物，所以必须依托一些实物，才能更好地刻画与描述。

作者先写月光，后写月影，无光便无影，顺序亦不可调换。

月光是怎样的呢？"月光如流水一般，静静地泻在这一片叶子和花上。"读到这一句，我立刻想到了赵瑕的"月光如水水如天"，我相信朱自清先生肯定也想到了这一句，要不然怎会在上文把荷花比作"碧天里的星星"呢？为何用"泻"字而不用"洒"字或"泼"字呢？倾泻而下，能写出月色之无边、之力度。"洒"显着太轻，"泼"又显着太重。因为天色已晚，所以"薄薄的青雾浮起在荷塘里。叶子和花仿佛在牛乳中洗过一样；又像笼着轻纱的梦"。为何用"洗"字而不用"泡"字呢？因为"洗"字比"泡"字要柔和，还可照应上文的"刚出浴的美人"。为何用"笼"字而不用"盖"字呢？因为"笼"字可给人以怀抱呵护之感，"盖"字则不能。为何要用"梦"这个喻体呢？因为既可以给人以月色下朦胧的梦幻感，又可以照应上文"美人"的喻体，"笼着轻纱的梦"，就是笼着轻纱的美人，还能说明此时绝大多数人都已酣然入梦。这与后文的"酣眠固不可少，小睡也别有风味的"是一样的。一个比喻，竟可以做这诸多解读，真是神来之笔！当浮一大白。

月影是怎样的呢？是"参差不齐的"，因为是"隔了树照过来的"。为何要说"峭楞楞如鬼一般"呢？因为可以照应上文的蓊蓊郁郁，阴森怕人。灌木如此，杨柳则不然，它们有着"倩影"，而不是鬼影。看来朱自清先生又把杨柳看作女孩子了。为何是"画在荷叶上"而不是"刻在荷叶上"呢？因为"画"比"刻"要柔和，符合女孩子而且是有着

"倩影"的女孩子的身份特点。

树影是这样的，那塘上的月影呢？是光影和谐的，"如梵婀玲上奏着的名曲"。为何是梵婀玲也就是小提琴而不是别的乐器呢？因为小提琴的声音往往宛转悠扬，就像倾泻流淌的泉水，这样也就照应了上文的"月光如流水一般"。

这样一路分析下来，我们会发现，每一个动词都经过了一番斟酌，可谓处处传神、字字用心。

荷花、荷叶、荷香、流水的位置不能调换，月光、月影的位置不能调换，那"月下荷塘"和"塘上月色"的位置能调换么？还是不能。因为我们惯常的认知顺序是先具体后抽象的。原来这篇美文不仅有精妙的比喻、精致的叠词、精到的动词、精细的笔触，还有如此精巧的构思。开篇的"带上门出去"和结尾的"推门进去"也能证明这一点。

顺序不能调换，但既然一个是"月下荷塘"，一个是"塘上月色"，"荷塘"与"月色"二者又是如何互相成就的呢？我的理解是没有月色，就没有朦胧美好的荷塘，花不会那样明亮，流水也不会那样有风致；没有荷塘，月色就没有载体，杨柳的倩影一定没有那么美，光影也难以有那般和谐的旋律。有月色，荷花更为清丽无尘；有荷花，月色更为温柔绝俗。也只有这出尘与绝俗之物，才能让作者远离尘俗，获得宁静。

高潮部分已经结束，暂得的宁静告一段落。作者接着写树，写远山，写路灯光，写蝉声和蛙声，没精打采的既是路灯也是作者，热闹的则只有蝉和蛙。问题来了，在写"月下荷塘"和"塘上月色"时，作者为何只字不提这"蝉声"和"蛙声"呢？按理说应该能听到呀。但作者宁肯想象听到了"远处高楼上渺茫的歌声"也听不到这些聒噪之声，只有一种解释，那就是他置身美景之时已经做到了入定入静亦入境，已经物我两忘，既然"由来无一物"，当然也就"何处惹尘埃"了。

可是既然已经热闹起来了，那就继续热闹，作者又想到了江南采莲的热闹场面与风流人物，引用了《采莲赋》，还想起了《西洲曲》的句子。只是"低头弄莲子，莲子清如水"两句给人的感觉便安静多了。

景安静，人却不安静。不安静的人"猛一抬头，不觉已是自己的门前"。

走再远的路，也还是要踏上归程；再放飞自我，也终要回到人间。

朱自清先生是温柔的，你看他能看到那么柔美的月和那么柔美的荷；朱自清先生是温润的，你看他"悄悄"地出去，"轻轻"地回来，不忍打扰任何一个人。可是君本温润如玉，奈何世事消磨。当时大革命失败，白色恐怖笼罩大地，作为一名同闻一多先生一样的正直无私的民主战士，他的孤独与无奈只有他以及他的同道知道。

但不管怎样，他还是会庆幸尘世间有这样一处荷塘可去，去自我疗愈，去寻求解脱，去莲上抱月睡，去月下采莲回。今天已经问了自己好多个"为何"了，现在让我问自己最后一个问题，为何必须是"莲"呢？因为可能只有这一处荷塘可以去，因为"莲子清如水"，因为他叫朱自清，因为他想如莲花一般在那个黑暗的浊世里清清白白干干净净了无挂碍地活着。

应该就是这样的吧？

2021-01-10

有感于斯文

哥只是想活得爽一点儿
——读陶渊明《归去来兮辞》

（韦小宝）心道："天地会众弟兄逼我行刺皇上，皇上逼我去剿灭天地会。皇上说道：'小桂子，你一生一世，就脚踩两只船么？'他奶奶的，老子不干了！什么船都不踩了！"心中一出现"老子不干了"这五个字，突然之间，感到说不出的轻松自在……

《鹿鼎记》最后一回，韦小宝一想到"老子不干了"，登时就爽了。与其天天战战兢兢，如履薄冰，心里不爽，脸上还得带着笑，何苦来呢？世上无难事，只要肯放弃。写《归去来兮辞》时的陶渊明估计也是这种心态——哥不玩儿了，谁爱干谁干，谁爱不爽不爽，反正哥爽了。

不为五斗米折腰的故事大家都知道，在这里不再赘述。不过在做彭泽令之前，陶渊明并非没做过官，相反，他从二十九岁就开始做官了，做了十来年，曾任江州祭酒、建威参军、镇军参军。做彭泽令是他四十一岁的时候，当然这也是他最后一次做官，只做了八十来天，然后就一心一意躬耕田园了。

所以，这篇只有六百来字的《归去来兮辞》也可以算作一篇告别官场的自白书。

文章先交代了写作缘由，简单来说就是家里穷（耕植不足以自给），娃又多（幼稚盈室），自己又没啥别的本事（未见其术），所以亲朋故友就劝他出去做官。但做官不合自己的本心，搞得心情不爽，唯一的妹妹又去世了，所以不干了。

其实一开始陶渊明家里不穷，但在他八岁那年，父亲去世，家境开始衰落。十二岁时，庶母去世，二十岁时，家境就非常贫困了。可就在这种家境中，他却和媳妇儿生了一堆娃（五个儿子）。生了娃就得养娃，所以做官纯属无奈之举。陶渊明不喜欢做官，肯定讨厌官场挖空心思钻营那一套，但为了做上官，还是得动用叔父的关系（家叔以余贫苦），也就是说利用了当时的潜规则。用自己讨厌的方式去争取一个自己原本讨厌的差事，想想也真够讨厌的。

他一开始觉得还行，至少有喝酒的钱，但时间一久，就又想回家了。他说："虽然饥寒是急需解决的问题，但是违背本意去做官，身心都感到痛苦。"即"饥冻虽切，违己交病"。这是全文最应该注意的一句话。这句话告诉我们：内心的痛苦比什么都难熬。佛家认为生本身就是人生苦痛的根源，柏拉图说得更直接，他说"肉体是灵魂的监狱"。我觉得柏拉图的话用来形容做官时的陶渊明特别合适。心无安处，在哪里都是漂泊；心无乐处，住哪里都是监狱。

每个人来到这个世上都要渡劫。

既然在监狱，当然最渴望的就是自由。于是大袖一挥，逍遥自在，归去来兮，慷慨豪迈。

后面就开始表达内心了，一共四段。

他上来就扪心自问："归去来兮！田园将芜胡不归？既自以心为形

役，奚惆怅而独悲？"走吧！家里的田园都荒芜了，为什么还不走呢？既然心灵已经被形体役使了，为什么还惆怅着独自悲伤呢？

明代全能大儒王守仁认为"理"全在人"心"，什么是对？什么是错？问问自己的心就知道。既然如此，扪心自问就显着极为重要。陶渊明扪心自问的结果是过去做错了，现在改还来得及。也就是"悟已往之不谏，知来者之可追；实迷途其未远，觉今是而昨非"。既然如此，就离开吧。你看他简衣从，驾轻舟，一身轻松；你看他问前路，恨晨光，归心似箭。心之所向，素履以往。以梦为桨，一苇可航。

老远看到家门了，他像个孩子一样"载欣载奔"。谁在迎他？僮仆；谁在等他？稚子；什么荒芜了？小路；什么在绽放？松菊。回家了，回家多么幸福呀。拉着孩子的手进屋，看到屋里已经有人给斟满了酒。谁斟的酒呢？当然是知他懂他的妻子。无论离开多久，家门永远向他敞开。

他惬意地自斟自饮，边喝酒边看院子里的树，越看越开心。靠着南窗傲然自得，住着小屋心里更美，园子里每天都要去走走，趣味盎然。虽有门却时常关着，因为他喜欢拄着拐杖四处溜达。他抬着头望向远方，看云卷云舒，飞鸟往还。云全无机心，鸟自由自在，做人不也应该这样么？他太喜欢这田园之中的一切了，以至于夕阳西下时，还手抚孤松不忍离去。

一个人对一个地方得喜欢到什么程度才会流连忘返呢？甚至会深情抚摸一棵树。越是这样喜欢田园，就越说明作者憎恶官场。

他又一次说"归去来兮！"像是长长地出了一口气。如同他在《归园田居》中写的"久在樊笼里，复得返自然"的那种解脱解放的心情。他又一次扪心自问："世事与我所想的相违背，还去努力探求什么呢？"即"世与我而相违，复驾言兮焉求？"他想听的是真心话，不是虚伪客套的话；他想弹琴读书，不想逢迎长官。春天到了就耕种，闲暇之时就游玩儿。乘车也行，坐船也行，无牵无挂，说走就走。去哪里？去幽深曲折的山谷；走哪里？走高低不平的山路。反正再曲折的山谷也比不过复杂的人心，反正再不平的山路也比不过艰险的官场。看那草木欣欣向荣，听那泉水涓涓流淌，世间万物尽情展示自己的生机与活力，唯独我陶渊明这一辈子说结束就要结束了。

人就是这样，悲伤的时候感叹时光走得太慢，却也因之拥有了时光；快乐的时候感叹时光走得太快，却也因之丢掉了时光。不过话说回来，悲伤的时光，越慢越苦楚；快乐的时光，易逝也甘甜。

陶渊明在诸多的开怀之事与开怀之景中恍然梦醒——原来，这一切，我都不能永远拥有，我这一辈子已经浪费了太多时光，好不容易做了自己想做的事，才发现别离的箫声又将吹响。

该不该遇到美好的人或事物呢？遇不到觉得可惜，遇到了又怕失去。患得患失真的是大部分人所面对的永恒的苦痛。难怪佛家将"求不得"和"爱别离"列入"人生八苦"之中。

可陶渊明毕竟是陶渊明。他又接连扪心自问道："已矣乎！寓形宇内复几时，曷不委心任去留？胡为乎遑遑欲何之？"算了吧！活在世上还能有多久，为什么不放下心来任其自然地生死？为什么心神不定，想要到哪里去呢？

是啊，"人生不满百，常怀千岁忧"。我一不想大富大贵，二不想修仙长生，既然老天已经把这些美好的事物都给了我，我能做的就是好好欣赏它们，不辜负造物者的一番美意。春光烂漫，想外出就外出，想干活儿就干活儿，登上向阳的高地就放声吹响口哨，走在清澈的溪边就尽情吟诵诗歌。对，就这么干，乐天知命，随遇而安，不再迟疑！

《归去来兮辞》中松是孤松，流是清流，象征陶渊明的孤傲清高；云无心，人真情，表现陶渊明的质朴温暖；喝酒吟诗，登高长啸，则体现陶渊明的潇洒放达。孤傲也好，放达也罢，敢于做自己，在任何时代都不是一件容易的事。我们都知道人生短暂，可能也都已"误落尘网中"，但还是很难有勇气挥一挥衣袖，来一场说干就干的出走。

读完《归去来兮辞》，我想起创造了"安乐窝"这个妙称的宋代邵雍的那首《安乐吟》。其中有"无贱无贫，无富无贵。无将无迎，无拘无忌"以及"乐见善人，乐闻善事。乐道善言，乐行善意"这八句话。感觉邵雍和陶渊明虽数代相隔，却心灵相通。

不为五斗米折腰是陶渊明身上一个很重要也很著名的标签。但我根据他经常喝不上酒苦苦等待友人送酒的事实大胆猜测，若给其五十斗米，他是不是也就接受现实了呢？很多时候，人继续选择眼前的苟且，是因为这苟且可以变现，而变现又可以带来实实在在的安全感。不选择苟且很多时候也并非因为孤高，而是因为这苟且连一点儿实惠都带不来，就有些对不起我这份孤高了。

自由不能被买到，却能被卖掉，这是很多人的生存现状。

但陶渊明毕竟还是走了，且不再回头。他住着不蔽风雨的草屋（见《五柳先生传》），也照样手拈菊花"悠然见南山"；他把地种得"草盛豆苗稀"，也照样背起锄头"晨兴理荒秽"。他喝浑浊的酒，弹无弦的琴，喝醉就睡，醒来就唱。

我在文章一开始时说过，陶渊明是做过官的，而且不止一次，但他这次为自己做了一次主，这个主就是——无论如何，哥只是想活得爽一点儿。

对这个想爽就爽，把清清贫贫的日子过成诗甚至过成禅的人，除了佩服，我已无话可说。

2021-01-20

生 死 之 间
——读史铁生《我与地坛》

《我与地坛》是那种每次读都可以收获感动与思考的文章，高中语文课本只选了它的前两节。第一节写的是"我"与地坛，第二节写的是"我"与母亲。

作者说"地坛离我家很近。或者说我家离地坛很近"，乍一看是在玩儿文字游戏，其实不然。地坛已经存在了四百多年，客观上是它离"我家"很近，但一来"我家"搬来搬去总是在它周围，二来我也庆幸离它近，所以才有了后面一句的说法。所以作者也才说"总之，只好认为这是缘分"，以及"我常觉得这中间有着宿命的味道"。无论从客观事实来看，还是从主观意愿来看，都是缘分，都是宿命。正如林清玄所认为的缘来自愿，没有意愿，缘来了也没多大意义。

地坛之于史铁生有着极特殊的意义。

地坛是怎样的呢？是荒凉的。你看它琉璃剥蚀，朱红淡褪，高墙坍圮，玉砌雕栏散落，老柏树苍幽，野草荒藤茂盛。多像残废了双腿的史铁生。史铁生与地坛，这年龄差高达四百的两者，穿越时光，在此深情握手，同病相怜。作者说"这时候想必我是该来了"，因为"它为一个失魂落魄的人把一切都准备好了"。这个地方荒凉、宁静、古老，适合存放当时史铁生那躁动而又迷茫的灵魂。可以让人看到时间，也看到自己。

地坛是荒凉的，却并不衰败，因为这里有很多生灵在。蜂儿翅膀扇动频率极快，将自己舞动成了一团小雾，这是人的视觉延迟反应。作者不用"团"，而用"朵"，就将舞成一团小雾的蜂儿比作了一朵小花。真是妙笔！蚂蚁摇头晃脑，转身疾行；瓢虫支开翅膀，忽悠升空。如果不足够闲来无事或者不足够热爱生灵，人类是很难去关注这些看似卑微渺小实则美丽倔强的小生命的。史铁生恰好就是闲来无事的。你看他连空屋一样的蝉蜕都去关注，连一颗露水从滚动到聚集到压弯草叶到坠地的全过程都去观察。本来一颗露珠怎么可能"轰然坠地"呢？但在作者耳中就是如此，因为他感受到了自然万物的力量。哪怕它是本无生命的如同空屋一样的庄严的蝉蜕，哪怕它是一颗毫不起眼的朝阳初升便会消散消失的露珠。他甚至能听到"草木竞相生长弄出的响动"。草木竞荣，片刻不息；人生逆旅，是不是也应该自强不息呢？

是啊，你见过一只蜜蜂在某处发愁么？它们几乎一直在跳舞，它们不知道生活的意义是什么，但跳舞本身就是意义。你见过一只蚂蚁在某处自怜么？它们几乎一直在奔走，它们不知道生活的意义是什么，但奔走本身就是意义。你见过一棵草、一棵树因为遭受风霜雨雪就赌气不活了么？它们只是一直在努力深扎根须，它们不知道生活的意义是什么，但扎根本身就是意义。露珠也是如此，它知道聚集的结果会压弯草叶，压弯草叶的结果是"轰然坠地"，但它依然按部就班地做着一切，直到在金色的太阳下把自己摔出"万道金光"也义无反顾。因为它们知道，这个过程本身就是意义。

生死之间

我想，我们大可不必过分去寻找生活的意义，让自己有滋有味地活着，在这个世上自己所属的范围之内刷着自己的存在感，就是意义。我相信这也是史铁生在看到这些事物时的心理反应。

地坛荒凉而不衰败，史铁生残疾而不颓废，二者确实是宿命般的相遇。

一般人不会年纪轻轻就去思考生死的问题，但二十来岁就废了双腿的史铁生会。他一定想过自杀这件事，不然就不会说"我一连几小时专心致志地想关于死的事"。又是"几小时"，又是"专心致志"，如此冷静客观地去书写自己，读来却寒入骨髓。可是未知生，焉知死呢？于是他又开始思考"生"的问题，后来明白出生这件事是无法辩论的，而死亡这件事也是早晚会来临的，甚至我们可以把它当作一个节日来看待。这是多么乐观浪漫的一个比喻啊。

生，无法掌控；死，必然到来。那这生死之间的一段路途该如何去走呢？史铁生没给我们答案。因为他觉得这个问题会伴随他终生。我觉得也是，这个问题也会伴随我终生。生命只有一次，无论如何使用，好像都有些浪费，如何让自己在临终前觉得这一辈子把生命浪费得还少一些，是一个近乎无解的问题。

也应该是一个无解的问题，因为每个人要的都不一样，或者我们可以断定，很多人到死都没弄明白自己这一生到底想要什么。这样一来，当然就更无解了。但再无解，这一生该结束也还是要结束，这就是这个问题的害人恼人之处，也是这个问题的富有魅力之处。

孔子认为早上懂得了道理，晚上死都可以，也就是说只要活得明白，就可以死得安然。但很明显，孔子一生都没找到他所说的"道"，不知他老人家最后是不是死不瞑目。

到底该怎样活呢？还是不清楚。那就放一放，继续看地坛吧，看看地坛在说些什么。

有感于斯文

　　作者一连用了六个"譬如"写了六种景象，而且都是在相对黯淡的背景下去写的。夕阳西下，坎坷灿烂；时间落寞，雨燕高歌；冰天雪地，孩子踏雪；古柏忧郁，镇静自若；暴雨骤临，草木灼烈；秋风早霜，落叶歌舞。

　　无论什么时节，无论什么天气，无论动物植物，无论年轻年老，都在按照自己生命自带的律动去活。

　　生，就如夏花般绚烂；死，就如秋叶般静美。

　　地坛，这是你给史铁生以及每一个心怀这生死之问的人的启示么？

　　第一节结尾处，作者说他常常到地坛去，第二节一上来就承上启下："我才想到，当年我总是独自跑到地坛去，曾经给母亲出了一个怎样的难题。"这便转入了对母亲的回忆。

　　母亲是懂儿子的，史铁生连用了五个"知道"来写母亲对自己的理解。母亲知道孩子心里苦，知道不该阻止孩子出去走走，知道孩子待在家里会更糟，知道有些事不该问，知道要给孩子一些独处的时间，孩子走出生命的困境需要一个过程。这些她都知道，但她不知道这过程到底需要多久以及这过程的尽头是什么。这一个"不知道"便足以把一个足够坚强的母亲击垮。孩子走不出困境，母亲就走不出困境，因为孩子的痛苦在母亲那里是加倍的。我每次读到史铁生的母亲"便犹犹豫豫地想问而终于不敢问"时都会心痛。都说"问是爱，不问是理解"，但这份理解，得需要多么强的意志与多么广的包容。她到死也没跟儿子说过一句"你为我想想"之类的话。她不会给孩子一点儿刺激一点儿压力，所以她只能刺激自己，负重前行。对于史铁生而言，她既是一位有口无言的母亲，也是一位默默守护的女神。当然，也只有母亲，才能成为这样的女神，这个女神应该便是那救苦救难慈航普度的观音。

　　史铁生说有一回他出了小院因想起什么事又回去，才发现母亲还站在原地，而且都没意识到孩子回来了。呆呆的母亲在想什么？也许什么都没想，只有痛彻心扉后的麻木以及虔诚祈愿时的入定吧。史铁生说在母亲猝然离世之后，他才想到"当我不在家里的那些漫长的时间，她是怎样心神不定坐卧难宁，兼着痛苦与惊恐与一个母亲最低限度的祈求"，他才明白"这样一个母亲，注定是活得最苦的母亲"。史铁生连用了几个"才"字，"才想到""才渐渐听出""才有余暇设想"，透着说不尽的懊悔自责。

母亲事事"知道"，儿子事事"才"知道，这就是母与子的不同。

他的一个作家朋友的写作动机是让自己的母亲骄傲，这个理由多么简单又多么不简单，史铁生只有羡慕，因为母亲已不在人世。史铁生说："在我的头一篇小说发表的时候，在我的小说第一次获奖的那些日子里，我真是多么希望我的母亲还活着。"母亲活不过来了，她被人送去医院，就再没回来，被人抬上车时，还大口大口地吐着鲜血。这些场景可以从其《秋天的怀念》一文中去找。

文中写道："摇着轮椅在园中慢慢走，又是雾罩的清晨，又是骄阳高悬的白昼，我只想着一件事：母亲已经不在了。在老柏树旁停下，在草地上在颓墙边停下，又是处处虫鸣的午后，又是鸟儿归巢的傍晚，我心里只默念着一句话：可是母亲已经不在了。把椅背放倒，躺下，似睡非睡挨到日没，坐起来，心神恍惚，呆呆地直坐到古祭坛上落满黑暗然后再渐渐浮起月光，心里才有点明白，母亲不能再来这园中找我了。"

原来他会想很多事，只是不会想到母亲，如今他"只想着一件事"，母亲却已经不在了；原来他会默念很多话，只是不会念到母亲，如今他"心里只默念着一句话"，可是母亲已经不在了。无论清晨、中午还是傍晚，无论坐着还是躺下，母亲都不会再来找他了。虽然这个事实是到月亮升起的时候他才一点点儿接受。如他自己所说的"心里才有点明白"。依然用了"才"字，依然无限追悔。可想而知，母亲在之前一定不放心儿子在外面待这么久。祭坛黑暗，月光浮起，生命终止，再无归期。

有感于斯文

"母亲已经不在了"的这个事实,让史铁生一下子从自己的小悲痛里走了过来。从某种意义上讲,母亲的猝然离世,唤醒也震醒了史铁生:这世上有人远比你活得更苦,尚且如此坚忍,你为什么不能?

犹太谚语说:"上帝不能无处不在,因此他创造了母亲。"可是母亲也无法做到无处不在无时不在。她太苦了,上帝都看不下去了。

以前母亲在的时候,常来找他。视力不好的母亲"端着眼镜像在寻找海上的一条船",找不到儿子便四处张望,"步履茫然又急迫";找到儿子就"悄悄转身",然后"缓缓离去"。儿子不跟她打招呼,她也不敢打搅儿子。爱,可以让这位母亲变得很勇敢很勇敢,所有的苦痛都自己去扛,还鼓励儿子要好好儿活。可是爱又可以让这位母亲变得很怯懦很怯懦,连跟儿子说一句话的勇气都没有。

"聪慧""理解""坚忍的意志"和"毫不张扬的爱"是史铁生对四十九岁便因病逝去的母亲的评价,只是这评价,他的母亲至死也没有听到,哪怕儿子一句安慰的话。

史铁生在其散文《奶奶的星星》末尾写道:"我相信,每一个活着的人,都能给后人的路上添一点儿光亮,也许是一颗巨星,也许是一把火炬,也许只是一支含泪的蜡烛。"这段话对他的母亲同样适用。只是不是"也许",而是既是巨星,也是火炬,更是含泪的蜡烛,三者一同照亮并温暖了史铁生的人生之路。

地坛荒凉而不衰败,母亲悲苦而不颓丧;地坛无言,母亲亦常常无言。地坛是史铁生地理意义上的母亲,启示他别再怨天尤人;母亲是史铁生心灵意义上的地坛,启示他要拥抱生活。斯多葛派说:"愿意的人命运领着走,不愿意的人命运拖着走。你反正得走,这是命运的死规定。"史铁生就是被命运拖着走的人,谁想让自己双腿瘫痪呢?尤其是在最狂妄的年纪。但降临到你头上,你就只能接受。就像史铁生小说《命若琴弦》中小瞎子和老瞎子的一问一答——干吗咱们是瞎子?就因为咱们是瞎子。

所幸还有地坛,还有母亲。我相信:没有这样庄严厚重的地坛,就不会有后来史铁生庄严厚重的灵魂;没有这样坚忍温暖的母亲,就不会有后来史铁生坚忍温暖的笑容。地坛等了史铁生四百年,母亲则等了史铁生一个生命的轮回。等到他,唤醒他,拯救他。生死之间,万事皆空,唯有真情永远。

也许还是会有人问:人为什么会有差别呢?世间为什么会有这么多不幸呢?让我来试着回答你:因为有五音,才是音乐;有五彩,才是美术;有五味,才是人生。世间万物均需有差别,如此才能造就一个多姿多彩的世界,人亦然。

每个人都应该时不时去祭奠一下自己心中的地坛,每个人也应该去珍爱和敬重自己的母亲,因为二者给了我们继续走的勇气和继续爱的能力,尤其是自己的母亲。如果她还在,请珍惜她;如果她已不在,请记住她。

史铁生在其《好运设计》中写道:"过程!对,生命的意义就在于你能创造这过程的美好与精彩,生命的价值就在于你能够镇静而又激动地欣赏这过程的美丽与悲壮。"这样自然就可以"从不屈获得骄傲,从苦难提取幸福,从虚无中创造意义"。认真过好有生之年的每一天,这应该就是生死之间最应该做的事情吧?

有报纸评价史铁生说:"史铁生写的不是油滑遁世的逸情散文,不是速生速灭的快餐散文,不是自矜自吟的假士大夫散文,不是撒娇发嗲的小女人散文,挫折、创痛、悲愤、绝望,固然在其作品中留下了痕迹,但他的作品始终祥和、安静、宽厚,兼具文学力量和人道力量。"

如果你不信这些评价,就去读读他的文章,看看他的照片吧。相信读过他文章看过他笑容的人都不会后悔。

最后以史铁生写给妻子陈希米的一首情诗作为收尾,你会触摸到这位因地坛和母亲而获得重生的人那颗温暖又深情的心灵。

赠妻子诗

希米,希米
我怕我是走错了地方
谁想却碰上了你!
你看那村庄凋敝
旷野无人、河流污浊
城里天天在上演喜剧。
希米,希米
是谁让你来找我的
谁跟你说我在这里?
你听那脚步零乱
呼吸急促、歌喉沙哑
人都像热锅上的蚂蚁。
希米,希米
见你就像见到家乡
所有神情我都熟悉。
看你笑容灿烂
高山平原、风里雨里
还是咱家乡的容仪。
希米,希米
你这顺水漂来的孩子
你这随风传来的欣喜。
听那天地之极
大水浑然、灵行其上

· 生死之间 ·

你我就曾在那儿分离。
希米，希米
那回我启程太过匆忙
独自走进这陌生之乡。
看这山惊水险
心也空荒，梦也凄惶
夜之望眼直到白昼茫茫。
希米，希米
你来了黑夜才听懂期待
你来了白昼才看破樊篱。
听那光阴恒久
在也无终，行也无极
陌路之魂皆可以爱相期？

2021-01-23

秘密花园里的独家记忆
——读归有光《项脊轩志》

在这个世上，我们最终能留下的其实只有故事。在故事里，我们最终能记住的是那些刻骨铭心的人。说来说去，我们这一辈子，真正值得拥有的是那些温暖了我们生命的人，其他任何事物其实都意义微薄。哪怕这些人已经离我们而去，但依然会在我们的心中占据一个角落。他们会在我们沮丧彷徨的时候鼓励我们——上苍是眷顾你的，不要泄气；他们会在我们面临死神召唤恐惧痛苦的时候安慰我们——不要害怕，我们在这边等你。生而欢喜，死而无惧，一辈子可以拥有这样的一个或几个人，此行不虚。

归有光便拥有这样几个人。

第一个是祖母。祖母是一个怎样的人呢？她是一个亲切地喊归有光"吾儿"、说归有光一天天也不出门像个大姑娘一样的慈祥老人。这位老人对孙子有着极高的期望。你看她临走时还自言自语道："吾家读书久不效，儿之成，则可待乎！"不一会儿又拿着她祖上做过高官者所用的笏板来激励孩子："此吾祖太常公宣德间执此以朝，他日汝当用之！"一般情况下，古代女性是不大关注孩子的科考问题的；一般情况下，老年人也不会这样不持重的，但这位老年妇人既关心孙儿的科考问题，又表现得极为迫切。热望如此，真情流露。

　　第二个是母亲，母亲是一个怎样的人呢？她是一个听到刚出生不久的女儿在女仆怀中哭泣就询问"儿寒乎？欲食乎？"的慈母，注意她的动作是"以指扣门扉"，不是用手，而是用手指头，足见其动作之小心轻柔，足见其母性之温柔深沉。问的问题也是全天下所有母亲最爱问孩子的两个问题：孩子你冷不冷？孩子你饿不饿？这是最最普通的两个问题，但细思之，好像也只有母亲才会常常问起。质朴至极，也深情至极。归有光的母亲十六岁嫁到归家，十八岁生下他，二十六岁去世，当时归有光年仅八岁。他曾在《先妣事略》中这样写母亲去世的情形："诸儿见家人泣，则随之泣。然犹以为母寝也。"小孩子不知道死亡意味着什么，还以为母亲躺在那里睡着了。等长大后懂得生死之别的时候，母亲早已长眠于地下多年。归有光的母亲是勤劳的，当时大孩子在身后牵着她的衣襟，她怀里还抱着吃奶的孩子，但即便如此，依然不停地做针线活。归有光的母亲是宽厚的，奴仆们就算挨了打，也不会说主母的不是。归有光的母亲是关心孩子的品德养成的，听到归有光能一字不差背诵《孝经》，便十分高兴。她为归家生了七个子女，怀胎受苦，生孩子受苦，眼睁睁看孩子夭折受苦，养大孩子继续受苦。想起毕淑敏写的一篇唤醒女性个体意识的《女人什么时候开始享受》，在归有光家中，显然他的母亲是没福分享受的。

　　第三个是妻子，妻子是一个怎样的人呢？妻子是一个和归有光情投意合且喜欢学习的人。她向丈夫请教以前的事，跟丈夫学写字。她会把回娘家后跟妹妹们的对话转述给归有光。妹妹们当然知道"阁子"是什么东西，却还是拿"闻姊家有阁子，且何谓阁子也"这种貌似弱智的问题去问姐姐，这是因为姐姐常到那阁子里去陪伴刻苦攻读的姐夫，所以她们才拿这种无厘头的问话来跟姐姐逗趣。可见归有光的妻子也是个有趣之人。在归有光写妻子婢女寒花的那篇《寒花葬志》中也有类似的趣笔。比如寒花将已煮熟的荸荠一个个削好皮盛在小瓦盆中，都已经盛满了，可归有光从外面进屋后想拿着吃，寒花就会立即拿开，不给他吃，这个时候，妻子就在边上笑。在古代，这算是没大没小了，哪里有不让男主人吃东西的道理？再比如寒花倚着小矮桌吃饭时两个眼珠会慢慢地转动，归有光的妻子就会指给他看，然后两个人一起笑。寒花跟着归有光的妻子魏氏来到归家时只有十岁，五年后，魏氏去世，四年之后，寒花也去世了，终年一十九岁。读有关归有光妻子的故事时，我想到了沈复在其《浮生六记》中对妻子芸的一些追忆。有一次沈复说芸与"白"字有缘，因为李太白是她的知己，白乐天是她的老师，而老公沈复字三白，芸便笑着说："白字有缘，将来恐白字连篇耳。"还有一次沈复问芸为何在鬓边插茉莉花，芸说茉莉是香中小人，沈复说："卿何远君子，而近小人？"芸说："我笑君子爱小人耳。"都是极平常的小事，但追忆起来，却肝肠寸断又回味悠长。

祖母、母亲、妻子魏氏、寒花都已经离开了归有光，只有那再无心思去修葺的老屋还在，只有当年妻子亲手种下的枇杷树还在。亭亭如盖的枇杷树多像亭亭玉立的妻子，只是枇杷树越长越高，妻子却离自己越来越远。

归有光九岁能文，三十五岁中举人，六十岁才考中进士，科考八次落第。祖母没有机会看到孙儿手持笏板，母亲没有机会看到儿子娶妻生子，妻子没有机会看到丈夫手抚枇杷，寒花也没有机会知道归有光再吃到荸荠时的黯然神伤。分家的痛苦已远，科考失利的苦闷已淡，唯有生命中这些曾经给过自己爱与温暖的人常在心田。

人生是一个边行走边收获又边失去的过程，人们管操纵这过程的主宰叫命运。而命运，是从不跟人们讲道理的。"物是人非事事休，未语泪先流。"

老屋原是很普通的老屋，但因为有了那么多值得回忆的故事而成为他永远的秘密花园；故事本是很普通的故事，但因为有了那么多值得回忆的人而成为他永远的独家记忆。

阔别已久，物是人非，转身离开之时，那枇杷树依旧笑傲春风。归有光是幸运的，因为他的故事在后世有这么多的听众，而这世间绝大部分人的故事，只有自己知道。虽然那也都是独家记忆，虽然那也都是价值连城。

有人说这世上有看故事的人，也有写故事的人，其实无论是看故事的人还是写故事的人，本来便都是一个个故事里的人。当年不知曲中意，而今已是曲中人，枇杷亭亭如伞盖，奈何风雪破院门。

写完站起，望向窗外，天色阴沉，草木无言——怕真的要下雪了。

2021-01-25

去如微尘

——读袁枚《祭妹文》

电影《无问西东》有言："如果提前了解了你们的人生，不知你们是否还会有勇气前来。"如果我们拿这个问题去问袁枚的妹妹袁机袁素文，相信她一定会回答"不来"。

袁枚在其《女弟素文传》中说妹妹袁机容貌出众，是袁家姐妹中长得最漂亮端庄的；脾性温柔，待人贤淑有礼；自幼随哥哥上课，针线旁边常放着书卷；很会作诗，琴棋书画也样样精通。应该说是一位才貌双全、极其理想的人生伴侣。她被父亲和高家指腹，但不幸的是，高家的这个儿子"有禽兽行"，本来高家提出了要解除婚约，但袁机自幼深受封建礼教毒害，"一闻婚早定，万死誓相随"（《哭三妹五十韵》），所以听到男方要解除婚约，就哭泣不止，终日绝食。于是二十五岁时嫁到了如皋高家。婚后，袁机孝敬公婆，深得公婆喜爱。可是她的丈夫不仅个头矮小，驼背斜眼，长相丑陋，而且品行恶劣，性情暴戾，行为轻佻，整天吃喝嫖赌，无所不为。这个男人无良到什么程度呢？他居然看到书卷就发怒，把袁机的诗稿烧毁。袁机从此不再敢作诗。他为了外出嫖妓，卖尽家产后又向袁机逼索嫁妆，不答应就拳打脚踢，甚至用火烧灼袁机，婆婆前来救护，他就连母亲一起殴打，把他母亲的牙齿都打了下来。两人完全是两个世界的人，比呆霸王薛蟠和蕙质兰心的香菱之间的云泥之判有过之而无不及，却整日在一个屋檐下生活，袁机内心的痛苦可想而知。

可即便如此，袁机还是一一忍受下来，在高家委曲求全，恪守妇道。后来，这个男人聚赌输了很多钱，竟要卖掉袁机抵债。袁机被逼无奈，逃到了尼姑庵，并告知了父亲，两人这才解除了婚姻关系。那年袁机二十九岁，结婚才不过四年。

袁机回到娘家以后，一方面悉心侍奉父母兄长，另一方面还惦念着婆母，经常寄赠衣食问安。三年后袁枚定居南京随园，袁机也随着全家一起迁徙。由于婚姻极不美满，心灵上受到创伤，她除了读书作诗自我安慰外，终日都闷闷不乐，生了病也不愿求医，终于在乾隆二十四年病死，年仅三十九岁。袁枚与妹妹感情极深，想到妹妹这悲惨的一生，含泪写下了这篇祭文。我之所以大量引用了袁枚写的《女弟素文传》中的内容，是想让大家明白袁枚写这篇文章时的心有多痛，只有明白了这些，我们才能怀着与袁枚一样沉痛的心情去了解袁机生前的种种。

作者开篇说："汝生于浙，而葬于斯，离吾乡七百里矣；当时虽觭梦幻想，宁知此为归骨所耶？"用的第二人称，跟九泉之下的妹妹直接对话，亲切温柔又沉痛悲悯，然后简述了妹妹的死因，委婉表达了对封建礼教的批判。要知道《诗经》和《尚书》位列"五经"，是那时候读书人的必读书目，但袁枚却说："呜呼！使汝不识《诗》《书》，或未必艰贞若是。"

教育可以成就一个人，也可以毁掉一个人。

作者接着按照时间顺序记叙了妹妹袁机的一生。

有感于斯文

儿时，兄妹俩儿一起捉蟋蟀，哥哥捉，妹妹也撸袖伸臂，不甘落后，可是等天冷虫儿死了，又跟哥哥一起去埋葬蟋蟀。可见袁机是一个充满活力又善良博爱的孩子。

袁枚本来是在回忆小时候和妹妹埋葬蟋蟀的事，相信想到妹妹"奋臂出其间"的情形时，袁枚定是嘴角含笑的，但一想到曾跟自己一起埋葬蟋蟀的妹妹此刻已葬于九泉之下，就笑不出来了。

自然界的草木枯荣自有规律，人世间的悲欢离合却总是无常。

袁枚九岁在书斋休息的时候，妹妹过来找哥哥一起温书，把教书先生都给逗乐了。虽是一件很普通的小事，却给袁枚留下了极深刻的印象，不然他就不会清晰地记得那一天是七月十五，不会记得当时的妹妹梳着两个发髻，披着一件单衣，和他温的书是《缁衣》了。这样总喜欢腻着哥哥、娇憨可爱又好学的妹妹，谁会不喜欢呢？

袁枚二十岁去广西，已经不是小孩子的十六岁的妹妹牵着他的衣裳，悲伤痛哭。过了三年，袁枚考中进士，衣锦还乡，已经是大姑娘的十九岁的妹妹从东厢房扶着长桌出来，一家人相视而笑。为何扶着长桌出来？估计是太激动，太高兴了吧？哥哥走就哭，哥哥回就笑。至于是否衣锦还乡，在妹妹袁机那里，其实并没有那么重要。一哭一笑之间，尽显手足深情。

这些事都很琐碎，但因为与妹妹有关，便显着弥足珍贵。袁枚在为妹妹写这篇祭文时后悔当时不能一一记录下来，就算想起来一些，也无从印证，因为与自己共同经历那些往事的妹妹，已长眠于地下。

那些如影历历如梦如烟的往事呀，从此再也不知到底是真是假。

袁枚接着回忆说妹妹与高家断绝关系后回到袁家，既能照料老母，又能帮着操持文书事务，还可以在将来向其托付身后事，所以虽然为对方的遭遇而悲伤，却又为妹妹的到来而高兴。"虽为汝悲，实为予喜"八个字，写得真诚至极。袁枚不愧是性灵派诗人的杰出代表，抒发性灵，表达真情，绝不矫揉造作。但是他没想到的是小他四岁的妹妹却先他而去。生死之事，本来就是没有道理可讲的，所以我们只能迷茫。

袁枚前些年生病的时候，袁机整夜打听、探望病情，听到哥哥病痛减轻一分就高兴，加重一分就担忧。这与之前哥哥离家时就痛哭，哥哥归家时就欢笑完全相同。爱，是没有来由的心疼。因心疼哥哥而"终宵刺探"的袁机深爱着哥哥。后来哥哥病情好了些，袁机就给哥哥讲一些稗官野史来排遣。她少时读的那些书派上了用场。要知道袁机因自己的婚姻悲剧，内心一直是哀伤的，但此时为了逗哥哥开心，便讲好笑的事给哥哥听。这种情绪的转变，并不容易。也正因如此，袁枚才会感叹说："唉！自今以后，我如果再有病痛，教我从哪里去呼唤你呢？"

哥哥病了，妹妹陪着。可是妹妹病了，哥哥却不在身边。

妹妹怕哥哥担心，不让别人报信，直到病已垂危母亲问她是否盼着哥哥回来，她这才勉强说"好"。为何勉强说？因为到死也不想影响哥哥的事业。兄妹心有灵犀，袁枚在妹妹去世的前一天梦到了妹妹来与自己诀别，这才飞舟渡江赶回了家，可还是迟了一步。这一步没赶上，一辈子都赶不上了，或者说生生世世，永生永世也赶不上了。

妹妹的四肢尚有余温，妹妹的一只眼睛还未闭紧，妹妹还在忍受着临死的痛苦等待哥哥回来，却最终也没能等到。袁枚在其《女弟素文传》一文中交代是他为妹妹将那只眼睛合上的。

袁机没等到哥哥。我在以前写的好几篇文章中都提到过：等待，是这世上最最慢性又最最猛烈的毒药。

袁枚不知自己何时去世，不知死后自己还有没有知觉，更不知道还能不能与妹妹相见。这些问题，活着永远都想不明白，可真若死了，就算明白了也无法告诉任何一个生者了。所以生死之谜，是永恒的谜题，任何人都无法参透。

这既是袁枚的悲哀，也是全人类中所有思考这个问题的人的悲哀，如袁枚所说，成了"无涯之憾"。当袁枚想到这一层的时候，整个文章的境界也随之提升。

接下来就是宽妹妹的心了，把妹妹的诗付印，把妹妹的女儿嫁人，为妹妹的生平作传，为妹妹的葬所劳神。妹妹的坟墓挨着自己的女儿阿印和父亲的侍妾及袁枚自己的侍妾，妹妹应该不会孤独。只是自己没有儿子，现在可以为妹妹寻找安葬之所，将来为自己寻找安葬之所的又会是谁呢？"汝死我葬，我死谁埋？汝倘有灵，可能告我"这十六个字，有对妹妹逝去的悲伤，有对自己将来的无望，有问妹妹却得不到回答的无奈与悲凉。可谓字字含血，声声泣泪。

哭泣，妹妹无言；祭奠，妹妹不吃。跟自己一起捉蟋蟀、葬蟋蟀的妹妹，梳着双髻披着单衣跟自己一起温书的妹妹，哥哥走就哭哥哥回就笑的妹妹，在自己生病时昼夜打听并想方设法逗自己开心的妹妹，四肢还有温度一只眼睛还没闭上苦等哥哥而不得的妹妹，如今葬在离乡七百里远之地的妹妹，才貌双全却遇人不淑的妹妹，永远都不会再冲自己喊那声再普通不过的"哥哥"了。

"纸灰飞扬，朔风野大"，但再冷的风也不及作者此时冰冷的心情。作者要走了，可还是一次次回头望向妹妹的坟墓。一望肠一断，好去莫回头。

《祭妹文》全篇，袁枚用了七个"呜呼"，伤痛之情，溢于言表。

回到我开篇的提问：如果提前了解了你们的人生，不知你们是否还会有勇气前来。遇人不淑的袁机肯定不会选择前来。不过问题是，谁能提前了解自己的人生呢？谁都不能。在捉蟋蟀的有趣和温《缁衣》的欢喜中，谁会推断自己未来的人生是悲惨的呢？谁都不能。所以，就算是上天已经为我们写好了剧本，我们也只能按照角色的设定进行演绎。

这就是人生。

相信任何人都是怕死的，当然主要是对未知的恐惧，但电影《我们天上见》中的"姥爷"却对外孙女提出的"姥爷，你怕死吗"这个问题给出了温柔而睿智的回答："不怕。去了天上有你舅舅，活着有你。"

袁枚在其《哭三妹五十韵》中写道："盼断黄泉路，重逢可有期？"但愿可以重逢吧。如果可以重逢，死亡也就不是一件可怕的事情了，因为就算有无数个未知值得恐惧，也至少有几个我们视若生命的人在那边等着拥抱我们。这几个人足以让我们含笑离去。

袁机，忘掉那些婚后的痛苦，只记得与哥哥一起捉蟋蟀、温书，给哥哥讲笑话的往事吧。等哥哥也去了那边，便不会孤独了。黄泉路虽远，重逢必有期。

不知大家是否关注到了袁机的女儿阿印，袁机的故事好歹还有哥哥记着，死在母亲前面的阿印的故事我们却不得而知，这世上许许多多的人留不下哪怕一个故事，想来多么悲哀。

袁机也好，阿印也罢，来如微尘，亦去如微尘，生命的质量何其之轻，何其之轻。

2021-01-28

会说话到底有多重要
——读李密《陈情表》

人说读《陈情表》不哭者不孝，说真的，自我感觉还不算不孝，但我读完此文并没哭，只是随着作者出了一身冷汗。因为我觉得此文固然情真意切，感人至深，但真正厉害的是其说话的技巧。今天，就让我们一道去领略本文高超的说话功夫。

首先我们有必要了解一下李密和晋武帝分别作为陈情者和陈情对象身份的特殊性。李密是蜀国旧臣，容易被新王朝猜忌。而晋武帝恰恰是改朝换代的第一任皇帝，且是篡位当政，一般都会猜忌旧臣，排斥异己，二人身份的特殊性已注定了李密陈情之事的艰难凶险。何况晋武帝这个人还骄奢淫逸，混蛋无比，此事就更为凶险了。君不见竹林七贤之一的嵇康嵇中散就是因为不合作而被杀么？三千太学生求情都不行。那么怎么办呢？毕竟胳膊拧不过大腿，所以只能示弱，但绝对示弱又不能坚守自己的底线，确实是一件很难的事。我们看李密是怎么做的。

文章第一段倾苦情，第二段说难情，第三段消疑情，第四段表忠情。总之，是在"情"字上做文章。

李密有多苦呢？

臣密言：臣以险衅，夙遭闵凶。生孩六月，慈父见背；行年四岁，舅夺母志。祖母刘愍臣孤弱，躬亲抚养。臣少多疾病，九岁不行，零丁孤苦，至于成立。既无伯叔，终鲜兄弟，门衰祚薄，晚有儿息。外无期功强近之亲，内无应门五尺之僮，茕茕孑立，形影相吊。而刘夙婴疾病，常在床蓐，臣侍汤药，未曾废离。

这段话主要说了两层意思，一层是自己既孤且弱，一层是祖母既老且病。

李密"孤"到什么程度呢？六个月大的时候，父亲就去世了，古代管幼年丧父的孩子叫"孤儿"；四岁的时候，母亲又改嫁了。自此无父无母，这还不够，他还没有伯伯叔叔，兄弟也很少。这还不够，亲戚又疏远又贫弱，甚至家里连个应门的僮仆都没有。"弱"到什么程度呢？九岁了还不会走路。幸亏谁倾心抚养，一路相伴呢？李密的祖母，也就是他的奶奶。

祖母"老"到什么程度呢？九十六岁。"病"到什么程度呢？常常下不了床。

既孤且弱的李密和既老且病的祖母相依为命，苦不苦？太苦了。

李密有多难呢？

逮奉圣朝，沐浴清化。前太守臣逵察臣孝廉，后刺史臣荣举臣秀才。臣以供养无主，辞不赴命。诏书特下，拜臣郎中，寻蒙国恩，除臣洗马。猥以微贱，当侍东宫，非臣陨首所能上报。臣具以表闻，辞不就职。诏书切峻，责臣逋慢。郡县逼迫，催臣上道；州司临门，急于星火。臣欲奉诏奔驰，则刘病日笃；欲苟顺私情，则告诉不许：臣之进退，实为狼狈。

这段话主要说了两层意思，第一层是自己并非一开始做官此时又不愿做官，故意跟皇帝过不去；第二层是尽忠与尽孝之间的矛盾难以调和。

太守举荐做孝廉，没去；刺史举荐做秀才，还是没去。而且理由也高度一致，都是因为祖母没人照顾，可见并不是为人臣子临时编造出来的理由。但后来皇帝亲自下诏书，自己处境就尴尬了。毕竟这是"圣朝"，那皇帝肯定就是"圣君"，这么好的皇帝下诏书让自己做官实在该去，而且就是掉了脑袋也不能报答皇帝的厚爱，可是祖母的病一天比一天严重，又实在走不开。进退两难，狼狈无比。

一边是礼贤下士、求贤若渴的"圣君"，一边是恩重如山、病情严重的祖母，李密既想尽忠，又想尽孝，难不难？太难了。

确实苦，也确实难，但都像你李密这样非暴力不合作，"圣朝"怎么收服人心？所以李密必须打消"圣君"对自己的疑虑，我们来看第三段。

伏惟圣朝以孝治天下，凡在故老，犹蒙矜育，况臣孤苦，特为尤甚。且臣少仕伪朝，历职郎署，本图宦达，不矜名节。今臣亡国贱俘，至微至陋。过蒙拔擢，宠命优渥，岂敢盘桓，有所希冀。但以刘日薄西山，气息奄奄，人命危浅，朝不虑夕。臣无祖母，无以至今日；祖母无臣，无以终余年。母、孙二人，更相为命，是以区区不能废远。

这段话主要说了三层意思，第一层是咱们"圣朝"的治国理念是"以孝治天下"；第二层是自己本来就侍奉过"伪朝"，巴不得尽快摆脱猜忌，赶紧向"圣朝"靠拢；第三层是祖母命不久矣，她把自己养大成人，自己绝对不能离她而去，这也恰恰符合咱们"圣朝"的治国理念。"母孙二人，更相为命"八个字，真情流露，凄凄惨惨。而"不能废远"四个字则又掷地有声，态度坚决。

承认自己曾在"伪朝"做过官的敏感身份，同时表明自己这样做是为了拥护"圣朝"的治国理念。这样一来，估计晋武帝再混蛋，也该打消对李密的疑虑了。

但说来说去，到底还会不会为"圣朝"服务呢？会，但需要一点儿时间，这就是最后的"表忠情"了。

臣密今年四十有四，祖母今年九十有六，是臣尽节于陛下之日长，报养刘之日短也。乌鸟私情，愿乞终养。臣之辛苦，非独蜀之人士及二州牧伯所见明知，皇天后土实所共鉴。愿陛下矜愍愚诚，听臣微志，庶刘侥幸，保卒余年。臣生当陨首，死当结草。臣不胜犬马怖惧之情，谨拜表以闻。

这段话只有一层意思，那就是在祖母去世前先尽孝，等祖母去世后再尽忠。李密又是"皇天后土"，又是"犬马怖惧"，又是"生当陨首"，又是"死当结草"，战战兢兢，溢于言表。"庶刘侥幸"四个字说得更是谦卑恳切，我的理解是一是觉得祖母不会活太久，二是担心朝廷来个釜底抽薪，赐死祖母。反正很多比这更缺德的事儿皇帝们也干过。

大凡好文章，一个字、一个词就可以传达情绪，感染读者。比如这篇文章的自称就很讲究。《陈情表》全文共用了27个"臣"字，第一段5个，第二段11个，第三段5个，第四段6个。为何第二段用得最多呢？因为既要表现自己在朝廷严酷催逼之下的无奈，又不能让皇帝认为自己在表达不满，句句称"臣"，则可以软化不满，多表无奈。要知道此时李密还不是朝廷的官员呢，称"吾"或者称"仆"也算合理，但李密不敢，因为那样的话，就是摆明了不跟朝廷合作了。

那既然如此，为何第一段又自称"孩"且只用这一次呢？我的理解是自称"孩"可以表现自己成为孤儿的不幸，更可以博取皇帝的同情。还有一层意思是皇帝是天下人之父，自己也是皇帝的子民。这样自称可以让皇帝对自己产生亲近之感。而仅用一次，是为了让皇帝觉得亲切但不过分，分寸拿捏得恰到好处。

除自称用字的讲究之外，李密还用"愚诚"来说自己。"愚"可表谦逊。而且"愚"对应"智"，可以理解为皇帝您这样明智，一定不会跟一个愚人过不去。最重要的一点，后面的"庶刘侥幸，保卒余年"是怕皇帝让祖母非正常死亡，所以才恳请皇帝让祖母得善终，成全自己的孝心。可谓如临深渊，如履薄冰，兢兢战战，战战兢兢。

古人云"伴君如伴虎"，与君王说话敢不小心翼翼么？

李密攻心为上，步步为营，以"倾苦情"让对方同情，以"说难情"让对方心疼，以"消疑情"让对方释怀，以"表忠情"让对方感动，可以说是在皇帝的虎须之下辗转腾挪，真是不简单。倾苦情，说难情，情非得已；消疑情，表忠情，情急智生。情真意切动今古，一字一词也关情。

《陈情表》一文，让我们看到了一个无比孝顺、无比卑微又无比惶恐的臣子形象。那么陈情的结果怎么样呢？《晋书·李密传》："武帝览之曰：'士之有名，不虚然哉！'"《华阳国志》："嘉其诚，赐奴婢二人，使郡县供其祖母奉膳。"《晋书·李密传》："后刘终，服阕，复以洗马征至洛。"也就是皇帝很高兴，祖母得善终。会说话，实在是太重要了。

吴主孙权问诸葛瑾的儿子诸葛恪："你的父亲和你的叔父（诸葛亮）谁更优秀？"诸葛恪应声回答："我的父亲更优秀。"孙权不解，因为当时举世公认诸葛亮是大才。孙权问原因，诸葛恪解释说："我的父亲知道应该服侍谁,而叔父不知,所以我的父亲更优秀。"孙权大悦,你若是孙权,也肯定大悦。

咸丰帝让考生以夸奖大清繁盛为题,孙家鼐写了一副对联,毫无争议地夺得了状元。他的上联是"亿万年济济绳绳,顺天心,康民意,雍和其体,乾见其行,嘉气遍九州,道统继羲皇尧舜",下联是"二百载绵绵奕奕,治绩昭,熙功茂,正直在朝,隆平在野,庆云飞五色,光华照日月星辰"。不仅贴题,而且把道光之前的六任皇帝顺治、康熙、雍正、乾隆、嘉庆、道光都夸了一遍。他不得状元谁得状元?

当然也有反面的例子,比如方孝孺不与朱棣合作,还不会说话,被除十族。乍一看这个人铁骨铮铮,但因为他而无辜死去的人未免太多了。其实这个悲剧完全可以避免。朱棣说自己想做个周公,后来又说方孝孺若不合作就杀其九族,方孝孺实在不该说"杀我十族又何妨"等所谓硬话,他完全可以不卑不亢地说一句"周公怎么会做出株连九族这样的事情呢"。这样一定能堵住朱棣的嘴。一句错话,导致千百人头落地。张嘴说话之前,真要深思呀。

通过读《陈情表》一文,我感受到了李密对祖母的深情,但我更感受到了身为一个臣子的不易。正所谓"官大一级压死人","官",就是"管"。而"管",就是权力。契诃夫写的小公务员活活被自己假想的"领导讨厌我了"这件事吓死的故事虽然荒诞了些,但上级一瞪眼、下级肝就颤应该比较普遍。更别说官与民之间了。

在人上把别人当人看,在人下把自己当人看,除此之外,还要会说话。

这里面的学问可大了去了,好好学吧。

2021-01-29

情 为 何 物

——读《孔雀东南飞》

鲁迅先生在他《再论雷峰塔的倒掉》一文中说悲剧就是把人生有价值的东西毁灭给人看。我觉得不一定非得是有价值的东西,把足够美好的东西毁灭给人看可能更确切些,比如爱情。

爱情是一种情感,可以让相爱的两个人无时无刻不把对方放在自己的眉间心上。爱情是一股力量,可以摧毁,也可以塑造,甚至让两个人收获一次质的重生。而在一个日益物化的世界上,爱情有时又像一个神秘且珍贵的寓言,可以让读到它的人受到震撼与洗涤,从而再一次相信世上确实有"真爱"这种东西。

刘兰芝是美好的,焦仲卿是美好的,两个人磐石蒲苇般的爱情是美好的,但这样美好的人和情,却被生生摧毁。每次读《孔雀东南飞》,我都会难过许久。这哪里是毁灭美好的东西,分明是撕碎,把美好的东西撕得粉碎,让我们无从捡拾,只能任其被雨打风吹去。

"孔雀东南飞,五里一徘徊"是全诗的开篇,孔雀高飞,徘徊不止,鸟尚如此，人何以堪？感情基调凄美感伤。

作者接着通过女主人公刘兰芝的自述来展示婆媳矛盾，这也是全诗最核心的一对矛盾，也正是这对矛盾将悲剧铸成。

兰芝说自己"十三能织素，十四学裁衣，十五弹箜篌，十六诵诗书"。古代女子十六岁时被称为二八年华，是绝对的花样年华，十六岁的刘兰芝既懂针织女红，又通吟诗弹唱，当真不凡。可这样一个不凡的女子，在十七岁嫁人之后却"心中常苦悲"。为什么呢？因为一来丈夫身在官府，自己常独守空房，二来自己无比勤奋，婆婆还嫌自己干活儿太慢。独守空房守节可以，但总被刁钻的婆婆平白无故地欺辱，兰芝难以忍受。"大人故嫌迟"中的一个"故"字写出了刘兰芝的痛苦与无奈。所以她直接跟自己的丈夫焦仲卿摊牌，请他休了自己。我相信在此之前，兰芝一定跟仲卿说过此事，仲卿也一定跟自己的母亲沟通过，但无济于事，所以兰芝才忍无可忍，宁肯离开心爱之人，也不愿继续受辱，去百年媳妇熬成婆。都说士可杀不可辱，兰芝以一弱女子之身，在当时的时代却如士人一样刚烈如此，真是一个奇女子。

焦仲卿知道妻子受了委屈，所以他对自己的母亲说自己也做不了什么大官，却"幸复得此妇"，一个"幸"字表明了自己珍爱兰芝的态度。而"黄泉共为友"一句更是绵里藏针，掷地有声。然后他问母亲自己的妻子并没有什么做得不对的地方，为何容不下她。

焦母怎么说呢？她说儿子太愚蠢，说兰芝不懂礼节，我行我素。"吾意久怀忿"一句中的"久"字既表明了焦母对兰芝厌恶已久，也能从侧面告诉我们兰芝忍耐了多久。而表达儿子的事也需要自己来做主的"汝岂得自由"一句又活画出焦母的霸道蛮横。她不仅想撵兰芝走，而且已经为儿子选好了下一任媳妇儿。理由是秦罗敷身段优美。

妻子求仲卿"及时相遣归"，母亲让仲卿"遣去慎莫留"，一头是妻子，一头是母亲；一头是珍视万分的爱情，一头是血浓于水的亲情，仲卿该怎么办呢？他给母亲跪下，但他并未屈服，他说如果休了兰芝，自己到老都不会再娶。长跪不起，哀哀求告，却又坚守原则，寸土不让。仲卿是值得托付的好丈夫。但他越是维护兰芝，其母就越是恼恨兰芝。焦母又是槌床，又是放狠话，丝毫不顾及跪在地上的儿子的感受。仲卿只能默默无声，他恪守礼仪，给母亲连拜了两拜才回到房间，见到妻子时却再也无法承受内心的悲伤与无助，他哽咽难言，却又不得不言。他让兰芝先回家，等给母亲做通工作了再去接她，兰芝的反应与焦母类似，也是看起来丝毫不顾及仲卿的苦痛，说自己的嫁妆虽然也很好，但不配用来给新人用，让仲卿留个念想就好。我每次读到这一部分都替仲卿心痛。我不太明白，面对哽咽难言的丈夫，兰芝一不为其拭泪，二不好言安慰，明明知道仲卿心里只有她一个人，却拿"人贱物亦鄙，不足迎后人"两句来往仲卿那爱她的心上戳刀子，这又是何苦呢？兰芝，是不是也稍稍有一些强势呢？

天要亮了，心灵手巧、吃苦耐劳的兰芝再也不用早早跑去织布，而是一点点儿地收拾打扮起自己来。之前的叙述中我们只能听到她的话语，至此才得知她的相貌。她纯洁美好，她清雅脱俗。你看她指如春葱，口若含朱，腰纤步细，精妙无双。兰芝用心打扮自己，是无声的抗争，也是自尊的体现。我刘兰芝就算离开你们焦家，也一定不会灰头土脸。我虽已为人妻二三年，但相貌身段也绝不在那秦罗敷之下。

兰芝有礼有节，打扮好后便去与婆母拜别，她说自己没什么家教，嫁给富贵人家算是高攀，得到的聘礼很多，却不能承受婆母的驱使，所以确实该被休掉。婆母没说话，只是"怒不止"。兰芝什么反应，作者没写。但与小姑子告别时，刚强至今的兰芝终于流下泪来，而且是"泪落连珠子"。她深情地回忆道："新妇初来时，小姑始扶床。"她温情地叮嘱道："勤心养公姥，好自相扶将。"说完就登车而去，眼泪洒落，千百成行。

一踏出这个门，就万难再踏进这个门，从此郎君是路人，泪飞顿作倾盆雨。

仲卿与兰芝一个骑马，一个乘车，一前一后，貌似相距不远，前途却一片迷茫。世界那么大，能帮助他们的却只有他们自己。这个时候，彼此的支持便显得尤为重要。

仲卿低声与兰芝说"誓不相隔卿，且暂还家去；吾今且赴府，不久当还归。誓天不相负！"一头一尾两个"誓"字，足见其心。兰芝也表态道："感君区区怀！君既若见录，不久望君来。君当作磐石，妾当作蒲苇，蒲苇纫如丝，磐石无转移。"《诗经》中有"我心匪石，不可转也；我心匪席，不可卷也"的句子。刘兰芝以磐石蒲苇来写二人的感情，足见其心。但她也表达了对回娘家后的担忧，因为她恐怕自己性情暴躁的哥哥不会随顺妹妹的心意。言外之意，便是逼她另嫁他人。

无论多么深爱的两个人，也难免有时会对对方产生猜疑之心，比如会难以确定对方是不是像我爱她（他）一样的爱我。当兰芝说出"人贱物亦鄙，不足迎后人"两句戳仲卿心口的话时，相信兰芝自己也是非常难过的。她既是抱怨，也是试探，所以我们要原谅她那时的强势。而当仲卿向天发誓表达对她的痴心时，她也再次坚信自己对这个男人的爱没有错。哪怕为他去死，也不后悔。而最终她也是这样做的。两个人剖白心迹，心心相印，所以虽然有"举手长劳劳"的无奈，也有"二情同依依"的幸福。

只要能够确定自己没有爱错人，那么再多的苦难又算得了什么呢？

焦仲卿的母亲蛮横霸道，丝毫不顾及儿子的感受；刘兰芝的母亲则善解人意，完全尊重女儿的意愿。同样是做母亲的，在对待子女感情这方面却判若天壤。

县令的儿子想娶兰芝，兰芝不同意；太守的儿子想娶兰芝，兰芝还是不同意。在当时，一个被休掉的女人却能被这样级别的男性追求，足见兰芝的魅力。看兰芝含着眼泪说仲卿和自己发过誓不能相离,骄傲的兰芝,在娘家却觉得进退没脸,读来不禁恻然。

　　性暴如雷的哥哥如焦母一样丝毫不顾及妹妹的感受,逼着妹妹改嫁,兰芝不卑不亢,她扬起头颅,告诉哥哥自己愿意改嫁,因为她已经做好了殉情的准备。令人眼花缭乱的彩礼一批批送来了,而爱人仲卿的人影却依然未见。柔弱的兰芝又能怎么样呢?诗中写道:"阿女默无声,手巾掩口啼,泪落便如泻。移我琉璃榻,出置前窗下。左手持刀尺,右手执绫罗。朝成绣夹裙,晚成单罗衫。晻晻日欲暝,愁思出门啼。"

　　心灵手巧,只爱仲卿一人的她却不得不为自己缝制着嫁给他人的衣裳,当然也是殉情所穿的衣裳。

　　这时该仲卿猜疑兰芝了,他请假赶来,人还未到,马儿已经开始哀鸣。前有孔雀徘徊,现有马儿哀鸣,世间足够浓重的悲伤,人与物都能懂。

　　兰芝竟能识得马儿的声音,赶紧跑去迎接,看她又是"怅然",又是"嗟叹",无可奈何,痛彻心肝。此时的仲卿却如当初兰芝不懂安慰他一样,刻薄又痛苦地说道:"贺卿得高迁!磐石方且厚,可以卒千年;蒲苇一时纫,便作旦夕间。卿当日胜贵,吾独向黄泉!"

　　对于爱情而言,最可怕的不是不爱了,而是有一方猜疑那个深深爱着你甚至愿意为你去死的人。前有兰芝猜疑仲卿,现有仲卿猜疑兰芝。之前仲卿被母亲逼迫,兰芝为什么不能握住仲卿的手给他安慰?此时兰芝被兄长逼迫,仲卿为什么不能将兰芝揽入怀中给她力量呢?人生那么短,相爱那么难,既然彼此心心相印,又为什么要互相猜疑、彼此伤害呢?是因为自己太爱对方了吧?因为太爱,所以才太怕失去;因为太怕失去,所以才有所猜疑。爱情是多么美丽,又是多么脆弱,如同只能活一个春天的蝴蝶,美得令人绝望。

　　这是仲卿第二次提到"黄泉"二字,他虽然在抱怨兰芝,但也表明了自己的态度。兰芝也表态道:"黄泉下相见,勿违今日言!"

我一直觉得二人的自杀殉情既有对封建礼教的抗争,也有对彼此猜疑的回应。如果只能用死来证明我对你的感情,那我就去死吧。

焦仲卿拜别母亲,母亲居然还在说要给儿子介绍一门更好的亲事,都说母子连心,但焦母直到儿子死也不懂儿子的心思,多么可悲。她的本意是逼儿子自杀么?一定不是,但她却直接促成了儿子的死。仲卿以死相搏,拜焦母执迷不悟所赐,且以爱的名义。从这个角度来讲,焦母无疑也是封建礼教的受害者。

刘兰芝举身赴清池,洁来还洁去;焦仲卿自挂东南枝,无语问苍天。焦仲卿拜别母亲,刘兰芝不拜别母亲,焦仲卿还有所徘徊,刘兰芝则说死就死。二人略有不同。我的理解是这并非说明焦仲卿胆怯,只因他是家中男子,本应担起赡养母亲的责任,所以才又是拜别,又是徘徊,如此,却更富悲剧的力量。

两人自杀殉情,直到此时,两家人才知道他们之间确为生死不渝的真爱,但所有的后悔都已没有任何意义,只能以互求合葬来慰藉他们的魂魄。我想知道焦母听到儿子死讯时会想些什么,也许她只是大脑一片空白,然后便是老泪横流吧。

问世间情为何物,直教人生死相许?

松柏常青,鸳鸯和鸣,仲卿与兰芝的爱情就此得以永恒。只是那向东南方向高飞的孔雀依旧徘徊不止,像在幽幽地诉说着什么,让这山也默默,让这水也默默,让这人也默默。

舍生忘死的爱情是一场迷梦,让我们沉醉其中,哪怕醒来时只留一片白茫茫大地,也依然会嘴角含笑。因为只要曾在这样的爱情天地中听从内心的呼唤活过爱过,便已足够幸福。

那由仲卿与兰芝幻化而成的鸳鸯呀,你们有理由纵声歌唱!

2021-03-03

有感于斯文

不是每一个女子都叫花木兰
——读《木兰诗》

研究者称家喻户晓的花木兰其实是个虚构的人物，我觉得这不重要。孙悟空、鲁智深、薛宝钗、赵子龙、孙少平、于连也都是虚构的人物。反正都不妨碍我喜欢他们。

唧唧复唧唧，木兰当户织。不闻机杼声，唯闻女叹息。问女何所思，问女何所忆。女亦无所思，女亦无所忆。昨夜见军帖，可汗大点兵。军书十二卷，卷卷有爷名。阿爷无大儿，木兰无长兄。

翻开《木兰诗》，看到木兰又是织布，又是叹息，感觉也就是一个普普通通的女孩子。这么一个普通的女孩子，家里却偏偏摊上带兵这么大的事儿，爹爹年老，自己又没哥哥，按这个感情基调往下写的话，木兰应该是"日日愁眉锁，夜夜睡不宁"，但没想到竟然是"愿为市鞍马，从此替爷征"。惊不惊喜？意不意外？这女娃莫非是疯了么？

当然没有，人家木兰小姐可不是说着玩儿的，你看她又是买骏马，又是买鞍鞯，又是买辔头，又是买长鞭。本来一个市场就能买齐的东西，非得跑遍东西南北四个市场，也不嫌费鞋。当然，这是为了铺排，以达到渲染氛围的效果，后面还有类似的笔法。

木兰收拾战马，来了一场说走就走的征战。

旦辞爷娘去，暮宿黄河边。不闻爷娘唤女声，但闻黄河流水鸣溅溅。旦辞黄河去，暮至黑山头。不闻爷娘唤女声，但闻燕山胡骑鸣啾啾。

什么叫执行力？什么叫急行军？什么叫捐躯赴国难？什么叫视死忽如归？这就是。早上告别爹娘，晚上就宿在了黄河边。虽然运用了夸张的手法，但既能体现木兰行进的快速，也能表现她赴国难的迫切。告别爹娘时木兰说了什么，诗中不表；爹娘对木兰说了什么，诗中也不表。但直到宿在了黄河边，木兰听着黄河溅溅的流水声，才想到再也听不到爹娘呼唤自己的声音了。早上告别黄河，晚上就到了黑山头。木兰听到胡人战马的啾啾鸣叫声，才想到再也听不到爹娘呼唤自己的声音了。

为何路上不想？因为顾不上，也因为不敢去想。为何晚上会想？因为是休息的时候，因为在寂静的夜晚更容易思念家乡。木兰不是不想家，是因为国家有更重要的事情在等着她。自古忠孝难以两全，且让我奔赴国难。

想起一首老歌的几句歌词：听吧！战斗的号角发出警报，穿好军装拿起武器，共青团员们集合起来踏上征途，万众一心保卫国家。我们再见了亲爱的妈妈，请你吻别你的儿子吧！再见吧，妈妈！别难过，莫悲伤，祝福我们一路平安吧！

已经听到了胡骑的嘶鸣声，战事一触即发。对于打仗这件事来说，只有一腔热忱和说干就干的态度是远远不够的，木兰可以么？

木兰可以。她万里奔袭，飞度关山；她不畏严寒，身着重甲；她身经百战，顺利凯旋。

她受了多少苦，流了多少汗，洒了多少鲜血，经历了多少生死考验，我们都不得而知，我们只知道英雄木兰凯旋了。

花木兰慨当以慷，代父从军。按理说一家人完全可以给皇帝上书说明情况，但木兰竟二话不说，女扮男装，为国出战。既能表现对父亲的孝顺，也能表现对朝廷的忠诚，当然也是她"天下兴亡，匹夫有责"担当精神的体现。这三条中拿出任何一条都足够令人敬服，何况她还能胜利归来呢？这是怎样的一个女子！怎样的一副肝胆！怎样的一颗灵魂！

我们的木兰本配得上任何荣誉与赏赐，但她拒绝了皇帝的一切嘉奖，只愿骑上快马，早日回返家乡。

原来，在那些浴血奋战的日子里，家里的爹娘姐弟，她始终放在心上，就像当初她在夜宿黄河边和黑山头时温柔又酸楚地想到爹娘的声声呼唤那样。她铮铮铁骨，却又侠骨柔肠。

这样的好女儿，这样的好妹妹，这样的好姐姐，这样的真英雄，值得所有人为她献上崇敬的目光。

更为苍老的爹娘相互扶持着出外城迎接木兰，姐姐整理衣裙，弟弟杀猪宰羊。一个人，能成为国家的柱石，能成为全家人的骄傲，是一件多么幸福的事。家人对木兰说了什么，诗中不表；木兰对家人说了什么，诗中也不表。《木兰诗》将剪裁的功夫运用到化境，大量留白，让读者自己去想。

木兰回到闺房，脱下战袍，恢复女儿装，竟还是当初织布时的那个俏模样。只是经历了战火的洗礼，那矜持的笑容中自带一份成熟与刚强。同行十二年的战友们的惊讶是侧面描写，木兰的自述是正面描写。她说："雄兔脚扑朔，雌兔眼迷离；双兔傍地走，安能辨我是雄雌？"十二年呀，十二年金戈铁马，十二年风霜雨雪，十二年赤胆忠心，十二年思乡情切。眼波曾在寒风中坚韧如钢，秀发曾在战火中高高飞扬。但她不讲这些，只是笑吟吟地以兔子来打趣自己，也打趣战友。真是既潇洒豪迈，又俏皮可爱。雌雄同体，令人赞叹不已。

  不是每一个女子都叫花木兰的，管她是不是确有其人，这样的闺女，请给我来一沓。

2021-03-04

至暗时刻里的高光时刻

——读左丘明《烛之武退秦师》

如果没有退秦师这件事,我们一定不知道烛之武。不像李白、苏轼等人,有的是趣事,有的是佳句,从哪个角度检索,都可以找到他们。与相当于干着弼马温这项工作的烛之武有关的,只有退秦师这件事。

他在历史上留下的话也只有几句而已,但就这几句话,彰显了他的智慧与风采,挽狂澜于既倒,扶大厦于将倾。就这几句话,使其名声赫赫,永垂不朽。

郑国是春秋时期的小国,小国要想生存,便只能周旋于大国之间,这当然是很伤脑子又很无奈的一件事。都说弱国无外交,但仔细想来,既然是弱国,比拳头硬不行,似乎也只能靠外交。既无外交,又不得不靠外交。弱国的生存处境可谓艰难。这不,贡献了成语"秦晋之好"的晋文公和秦穆公就来围困郑国了。《烛之武退秦师》开篇"晋侯、秦伯围郑"中的一个"围"字,便把险恶局势写得明明白白。围困,围困,因为被"围",所以生存空间狭小,所以呼吸困难。郑国窒息般的压力可想而知。没办法，谁让你郑国得罪过人家晋文公重耳呢。

郑国得罪晋国有两个原因。公元前637年，晋国的流亡公子重耳经过郑国，郑文公不识货，对其傲慢无礼。没想到下一年也就是公元前636年，重耳便做了中原大国晋国的国君，是为晋文公。看人看不准是容易出问题的，何况这个郑文公还长着一双狗眼把人家重耳看得那么低呢。至于第二个原因说郑国依附于晋时又冲楚国抛媚眼的骑墙行为惹人讨厌，就有些没意思了。虽说晋国和楚国是仇人，一部春秋史，倒有半部是晋楚的争霸史。但郑国作为小弟，不这样跟胳膊粗拳头硬的大哥们送秋波示好，又能怎么样呢？不过这些理由都不重要，现在是公元前630年，我晋国地盘大，兵又多，最近士兵们又闲着没啥事儿，我就约上秦国带兵过来打你郑国权当锻炼身体了，你有意见么？有意见你打我呀？

我相信郑文公此时一定肠子都悔青了，生存，还是毁灭？对于郑文公而言，这是一个不必思考的问题。当然是要想办法活下来呀。其实当时郑文公的手下叔詹提醒过郑文公，让他对重耳好一点儿，但郑文公迷之自信，就是不听。叔詹说那你就杀了他，以绝后患。但郑文公迷之傻缺，就是不听。此时晋文公派人喊话给郑文公让他把叔詹交出来，但郑文公迷之豪横，就是不听。每次读《左传》读到这里，我都忍不住笑出来，这个郑文公还真是可爱呀。称呼他郑不听可能更贴切一些。叔詹这人非常讲究，见国君这样保全自己，便主动请缨去见晋文公。

晋文公命人架起锅来，就等着叔詹来了烹了他。叔詹不慌不忙，他大义凛然地说他有话讲。他说能看出您的不凡是智慧，能为国家慷慨赴死是忠诚。他抓住鼎耳，对着苍天大声呼喊："杀了我吧，让我告诉天下人，以智慧和忠诚报效国家的，跟我同样下场。"说完就要跳进鼎里。晋文公为之动容，将其释放，并命人以极高的礼节送其回国。郑文公看到叔詹平安归来，以为郑国没事儿了，非常高兴。没想到叔詹还带来了晋文公的一句话："让你们国君来见我，我要当面羞辱他。"自信、傻缺、豪横的郑文公这才傻眼了。所幸他的大夫中还有一个慧眼识珠的佚之狐。

佚之狐为他推荐了七十多岁的马倌（圉正，养马的官员）烛之武。佚之狐没说烛之武才能如何，他只是说："若使烛之武见秦军，师必退。"一个"必"字，说明了烛之武的能力，当然也说明了佚之狐的眼力。郑不听这次没有不听，因为烛之武已经是他唯一的希望。他赶紧去找烛之武，但烛老头儿却不无埋怨地说："我年轻的时候尚且不如别人，现在老了，就更不中用了。"郑文公当然知道烛之武是在怨自己没有早些发现他的本事，让他屈身养马。但大敌当前，郑文公也只能低声求人，权力就要失去时，笑容就要从脸上绽放开来。他说："我没能早重用您，现在事情紧急了才来求您，这确实是我这个寡德之人的错。但若郑国真的亡了，对您也没啥好处呀。"烛之武这才接了这一单，事关国家安危的天大的一单。

郑国君臣上下，朝野内外，都把目光聚焦到了这位默默无闻的老头儿身上。老头儿趁着夜色坐着筐从郑国城楼上下来，"夜缒而出"四个字，极显当时形势的危急。黑云压城，一片肃杀。烛之武可以拨云见日，为郑国赢来和平么？

下面就到了文章的精华部分，烛之武对秦穆公说了大概一百五十个字。原文如下：

秦、晋围郑，郑既知亡矣。若亡郑而有益于君，敢以烦执事。越国以鄙远，君知其难也。焉用亡郑以陪邻？邻之厚，君之薄也。若舍郑以为东道主，行李之往来，共其乏困，君亦无所害。且君尝为晋君赐矣；许君焦、瑕，朝济而夕设版焉，君之所知也。夫晋，何厌之有？既东封郑，又欲肆其西封，若不阙秦，将焉取之？阙秦以利晋，唯君图之。

看烛之武上来就说"郑既知亡矣",轻描淡写,一副置身事外的样子。那意思我们是死定了,但临死前还是想简单帮您算笔账。凭这份淡定就知是一位高手。如果烛之武大谈两国之前有多和睦以博好感,大谈郑国如何如何可怜以博同情,不仅掉价,还很难取得突破。君不见周星驰导演的电影《功夫》中鳄鱼帮帮主就是在跟斧头帮的头目攀交情时被砍死的么?烛之武先将郑国置于死地,然后再求生,实在是不简单。

这段话一共有三层意思。

第一层意思:亡郑利晋,于秦无益。烛之武说如果灭郑对您有好处,那就劳烦您动手灭了我们。能把让对方灭了自己这件事说得如此不卑不亢清新脱俗的,放眼古今,估计也只有烛之武烛老头儿一人了。

第二层意思:补充给养,存郑有利。烛之武描绘的愿景相当不错,渴了累了,您就找郑国。今年过节不收礼,收礼只收郑国的。不是每一个对秦有利的国家都叫郑国。郑国,您值得拥有!

这两层意思不能颠倒顺序,必须这么说,您不是帮着晋灭郑么?这对您有啥好处?您试试别灭我们,我们对您其实好处多多。按理说到这里也就可以了,足以劝退秦师了。但秦师退了,还有晋国的大军呢?何况与郑国有矛盾的也主要是晋国,秦国只是过来助拳的。所以还必须得有第三层意思,也就是得说服秦穆公帮助自己守城。

第三层意思:晋国无德,早晚坑你。晋文公之前的晋惠公确实品质一般。秦穆公曾助晋惠公登上宝座,晋惠公本来承诺秦穆公事成后给秦国一块地,结果一坐上宝座就不认账了,这就是文中的"朝济而夕设版焉"。还有晋国曾经闹灾荒,晋惠公请求秦穆公开仓卖粮,秦穆公同意了。可是等秦国闹灾荒,秦穆公请求晋惠公开仓卖粮时,晋惠公非但不卖,还乘人之危,发兵攻打秦国。你说这人是不是有点儿缺?烛之武借题发挥,不惜危言耸听。他说晋国贪得无厌,占领了我们,一定还得去侵略你们。这番话杀人诛心,真是厉害。

有感于斯文

　　三层意思合到一起就是若灭亡郑国，往后余生，吃亏是你，倒霉是你，四季悲催是你，助攻晋国走上巅峰，也是你。最后的"唯君图之"四个字更是语重心长，像一位慈祥睿智的班主任老师在对秦穆公这位莽撞无知的同学循循善诱。

　　果不其然，秦穆公一点就透，不仅撤军，还派三位大夫帮郑国守城。晋文公孤掌难鸣，也撤军而去。郑国之困得解，烛之武大功告成。佚之狐没有看错人，整个郑国没有托付错人。

　　烛之武既勇敢又富有智慧，担当大任，从容不迫，真是令人敬服。看他对形势判断之清晰，对诸侯国之间矛盾的洞察之犀利，对秦穆公为人性情的把握之准确，样样高级，件件通透。未出郑国已然成竹在胸，一到秦穆公面前便如庖丁解牛那样出入其间，游刃有余。然后善刀而藏，事了拂衣去，深藏功与名。又如一位世外高人，神龙夭矫，吞云吐雾，却又见首不见尾。令人神往之至。

　　而这位世外高人说的却是最实诚的话。

　　想起三国时曹丕册封孙权为吴王后，吴国赵咨访魏。曹丕问赵咨你们吴王是什么样的君主，赵咨说是雄略之主。曹丕问什么是雄略之主。赵咨不卑不亢地说虎视天下是雄心，屈身陛下是谋略。那意思我们吴王并不是不如你，接受你的册封只是权宜之计罢了。这跟烛之武说的如果灭我们对你们有利，你来灭好了，多么相似呀。

　　另一位三国人物蜀国邓芝也非常实诚。孙权对蜀使邓芝说等将来灭了曹魏，我们吴就和你们蜀共分天下。邓芝说天无二日，士无二主，若真灭了曹魏，咱们两家就该敲起战鼓来一争雌雄了。

　　原来，最好的说客往往是那些说实诚话的人。在这个世上，谁不喜欢实诚人呢？

　　"黑云压城城欲摧"，在小小郑国被两个大国围困的至暗时刻，七十多岁的烛之武以自己的一张嘴迎来了自己的高光时刻，并照亮了当时的整个郑国。

这是口才的胜利，也是魅力的胜利。我相信秦穆公一定会被这位有担当有智慧的老人征服。

王维在其《夷门歌》中写道："向风刎颈送公子，七十老翁何所求。"侯嬴献计，信陵君这才得以窃符救赵；烛之武赴秦营，这才得以保全郑国。他们一生都只做成了一件大事，但凭这一件大事，便足以青史留名，死而无憾。

谁都不想经历人生的至暗时刻，但总有一些人能在暗夜里发出自己的生命之光，璀璨夺目的生命之光，我管这种人叫人杰。

2021-03-17

不妨揣摩一下
——读司马迁《鸿门宴》

我叫曹无伤,是沛公刘季的左司马。项羽去年领导了巨鹿之战,破釜沉舟,以少胜多,以几万人击败秦军主力四十万大军,杀苏角,虏王离,威震诸侯,刘季却看似不堪一击,所以在其进入函谷关以后,我向项羽告密,说刘季想称王。我想项羽一定会挥师前来,到时候我便能封官加爵了。这么一想,还真有点儿小激动呢。嘘,低调,低调。

我叫项伯,是项羽最小的叔叔。我早年杀了人,曾跟随韩公子张良在下邳躲避。张良是我的恩人,我知道在他弟弟去世后,他不下葬弟弟,却拿钱雇佣大力士在博浪沙刺杀秦始皇,虽然没有成功,但其胆识与魄力已足够令人佩服,所以这次我得救他。我晚上找到了他,劝他跟我一起走,没想到他不想丢下他的主子也就是沛公。看来这位泗水亭长有几分魅力。没一会儿,张良说沛公要见我。我看这个沛公应该比我大,但他却一直哥呀哥地喊着,非常亲热,又是敬酒,又是打听我家孩子多大了,三言两语我们就成了儿女亲家。难怪张良这么

・不妨揣摩一下・

不愿意舍他而去。

　　我叫张良，是沛公的谋士。我看好沛公能成为天下之主，所以在项伯劝我离他而去时我果断拒绝了。我跟沛公说了项羽的愤怒。沛公平时对手下都是直呼其名，还常常骂骂咧咧的，但他唯独称呼我时一直称字，也就是子房，今天他更客气，称我为"君"，我当然知道他是有求于我。这一点挺讨厌的，但也挺招人喜欢的。总比大难临头还死硬死硬的那种人强吧。什么是俊杰？识时务者为俊杰。沛公问我项伯和我谁大一些，我说项伯大一些，沛公立刻说他要拿对待哥哥的礼节对待项伯。那意思我的哥就是他的哥。看来他不光想拉拢项伯，还想进一步拉拢我。要不说我看好他能成为天下之主呢。

　　我叫项庄，是项羽的弟弟，我师从叔父项梁，是一位剑术名家，范增范先生派我在宴会上舞剑，找机会刺死那个刘季。这对我来说是一件很容易的事，我可是剑术名家，何况还在自家地盘上。我向项王请求舞剑助兴，项王同意了，我拔剑起舞，眼光却常落到刘季的咽喉上，刺死他是分分钟的事儿。可我不知道今天我的叔叔项伯哪来的雅兴，非要跟我对舞，对舞就对舞吧，他还总是把两臂展开，像鸟张开翅膀一样地遮蔽刘季。不知道他是吃饱了撑的，还是脑袋上长坑了。

　　我叫樊哙，是沛公的连襟。他的妻子吕雉和我的妻子吕嬃是亲姐妹。我原来以屠宰为业，后来追随了沛公。这次来赴宴，我要保我家主公无虞。刚才张良出来说今天这顿饭酒无好酒，宴无好宴，有个叫项庄的拿个大宝剑在那舞，却总拿眼神盯着我们家主公的嗓子眼儿，我当然不干了。我拿着盾牌往里闯，有两个小子把方天画戟一架，想拦住我，我拿盾牌一撞，这两个小子就倒地了。让你们挡道儿，不知道我杀过猪么？我冲进去后，就拿眼睛瞪项羽。听说巨鹿之战后，各路诸侯都跪倒在地，不敢抬头看他。别人怕他，我杀猪人樊哙可不怕他。我怒发上指，眼睛瞪圆，眼眶都被我瞪裂了。我要用眼神杀死项羽这小子。他让我喝酒，我喝了。他让我吃猪肉，没想到他的手下给我拿上来一大块生猪肉，我知道这是想为难我，但他们可能不知道我樊哙杀过猪，我用盾牌当案板，用我掌中剑当切肉刀，咔咔就吃上了。项羽问我好吃不好吃，当然不好吃，但非常时刻，不好吃也得吃呀。项羽又问我还能不能喝酒，我趁此机会慷慨陈词，几句话就把项羽噎得无言以对。事后有人对我能说出那样一番有水平的话表示怀疑，认为不是我这种人能说得出来的，废话，我当然说不出，就是说得出，又怎么可能跟我们家主公说的几乎一模一样。那都是我们家主公和张良事先跟我们几个交代好了的，保证随行的任何人都口径一致。不这样，怎么骗项羽？怎么脱险？

我叫范增，是项羽的重要谋士，他喊我一声亚父，我今年已经七十一岁了。我曾为项羽屡出奇计，这才有了今日的他。可是我刚才几次示意项羽这呆娃干掉刘季，我举起玉玦，那意思要"决断"，要"决绝"，但这小子就是装傻，也不知道他是觉得自己实力足够强，没必要玩儿阴的，还是想彰显自己的仁德处世。我看这小子不想动手，就派项庄去舞剑，没想到半路又杀出一个项伯。项伯脑袋有坑，项羽脑袋有病，项庄也不中用。到如今刘季已经脱身，张良还在那儿假惺惺给我献什么玉斗，我要他这礼物作甚？我要刘季的人头！我把张良这孙子给的玉斗劈个稀烂。气煞我也！还有，你说你项羽干吗把人家告密者曹无伤给供出来，刘季逼你了，还是刘季求你了？这玩意儿不堪大用，跟着他早晚倒霉。

我叫项籍，我从小不爱读书，也不爱学剑术，因为我觉得读书识字只能记住个人名，学剑只能和一个人对敌，要学就学万人敌，也就是兵法。叔父项梁就教我兵法，但我也只是学个大概。叔父也拿我没办法。秦始皇到会稽游玩时驾大船渡浙江，我和叔父一起观看，我说："彼可取而代也。"叔父吓得捂住我的嘴，但从此对我另眼相看。我身高八尺多，力能扛鼎。去年刚打赢了巨鹿之战，刚才我也不知道自己为何放走

·不妨揣摩一下·

刘季，是觉得刘季既弱小又谦卑么？但无论如何，我觉得自己挺酷挺萌的，不过，我好像还没怎么喝酒就把曹无伤三个字说出来了，估计刘季不会杀他吧。

我叫刘季，我今年已经五十岁了，比项羽大二十四岁，我在秦都咸阳服徭役时曾见过秦始皇的豪华车驾，于是流着口水非常羡慕地说了一句"嗟乎，大丈夫当如此也"。后来沛县起兵，萧何和曹参都是公务员出身，不敢干，就推荐我当老大，我反正也无产，就这样当了沛公。有个傻子忽悠我说把函谷关守住我就是王了，我脑子一热就照办了，结果就来赴鸿门宴了。好家伙，冷汗出了一身又一身。我之前又是喊项伯"兄"，又是称张良"公"，忍着骂人的话忍了那么久，你说我容易么？今天幸亏有项伯、张良、樊哙三人助我，不然，真交代了。左右，去把曹无伤那厮给我剁了！

我叫曹无伤，我觉得刘季这次肯定完了，没想到他好模样儿回来了，而且还知道是我告了密，我说项羽，项大傻，你这是搞什么？沛公，主公，饶了我吧，我晕刀，您别让刽子手拿刀在我眼前晃好么？我都是一时糊涂，您大人不记小人过。我叫曹无伤，但为什么受伤的总是我？你们别过来……我晕刀……你们……项羽，不是，项籍，项大傻，你这个王八蛋！

我叫某某某，是一名中学语文教师，鸿门宴位列中国历史上十大著名宴席之首。整个故事又可分为无伤告密、项伯报信、项庄舞剑、樊哙闯营和亚父发怒五个小片段。项羽实力强，范增点子多，项庄宝剑快，但这三样项羽都没用上。反观刘邦，连对方阵营里的项伯都能迅速收为己用，更不用说文有张良、武有樊哙了。刘邦脱身，非常正常。全文波澜起伏，引人入胜，矛盾斗争激烈，人物形象鲜明，甚是好看，足见太史公司马迁笔力之强。只是有些地方看着太假了，比如樊哙怎么可能把眼眶都瞪裂了，他的眼眶是用泥捏的么？还有他的头发根根立起来是怎么做到的？是因为进来之前遭雷劈了么？

  我叫司马迁，有人问我人怎么可能把眼眶瞪裂，还"目眦尽裂"，我试过，确实瞪不裂，但这样一个细节处理，不显着有气势么？项羽霸王别姬时身边就几个卫士，我也没在帐内蹲着，我不也把这一段写出了很多细节么？夸张点儿就夸张点儿，好看不就行了，你这么较真儿干吗呀……

2021-03-18

遥远的幸福就在身旁
——读孙犁《荷花淀》

如果单看题目，你一定不会想到这是一篇战争题材的作品。

如果单看前三段，你也一定不会想到这是一篇战争题材的作品。

就算你把整篇文章读完，就算你一次次拿来回味，你还是会怀疑：这是在写战争么？

可是它又确确实实在写战争，写中国的抗日战争。那么它是如何做到让一辈又一辈读者读起来感觉不是在写战争的呢？

我认为原因有三：

一、如风景画般的景物

文章开篇这样写道："月亮升起来，院子里凉爽得很，干净得很，白天破好的苇眉子潮润润的，正好编席。女人坐在小院当中，手指上缠绞着柔滑修长的苇眉子。苇眉子又薄又细，在她怀里跳跃着。"平平常常的月亮、凉爽干净的小院，这都不足为奇。厉害的是作者还写到了苇眉子，谁会注意到这些水边随处可见的苇眉子呢？只有深爱此地的人才会。只有心思极度细腻、情感极度温和的人才会。不然，又怎会一会儿说这苇眉子"潮润润的"，一会儿又说它"柔滑修长"，一会儿又说它"又薄又细"呢？这哪里还是苇眉子，分明是老天造就的一件艺术品，一个尤物，一个美好的梦境。

这般如诗如画的景物描写还有几处：

几个女人羞红着脸告辞出来，摇开靠在岸边上的小船。现在已经快到晌午了，万里无云，可是因为在水上，还有些凉风。这风从南面吹过来，从稻秧上苇尖上吹过来。水面没有一只船，水像无边的跳荡的水银。

仰视天空，万里无云，纤尘不染；俯看水面，无船无客，水波跳荡。凉风丝丝缕缕，稻秧苇尖轻摆。俯仰结合，动静相宜。好一幅水乡风光！

她们轻轻划着船，船两边的水，哗，哗，哗。顺手从水里捞上一棵菱角来，菱角还很嫩很小，乳白色。顺手又丢到水里去。那棵菱角就又安安稳稳浮在水面上生长去了。

划船是"轻轻"的，捞菱角是"顺手"的，菱角是"很嫩很小，乳白色"的，丢到水里也是"顺手"的，菱角浮在水面上是"安安稳稳"的。那么安详，那么平静，那么纯美质朴，那么和谐自然。

她们奔着那不知道有几亩大小的荷花淀去，那一望无边际的密密层层的大荷叶，迎着阳光舒展开，就像铜墙铁壁一样。粉色荷花箭高高地挺出来，是监视白洋淀的哨兵吧。

荷叶密密层层，荷花箭粉色高挺，再加上阳光照耀，很容易让人想起杨万里的名句：接天莲叶无穷碧，映日荷花别样红。作者的比喻也非常别致，"铜墙铁壁"也好，"哨兵"也罢，都打上了战争年代的烙印。其实哪怕从一个简单的称谓我们也能瞧出端倪，比如"荷花箭"。连荷花都如箭如镞，守护家园，何况是生活在这里的人们呢？

一处处如风景画般的景物，让读者沉醉其中，流连忘返，让我们暂时远离了战争的残酷。

二、如水月观音般的人物

水月观音比喻人的仪容清丽俊美。典型代表是水生嫂。她不仅外表美，内在更美。

作者是这样写水生嫂其外表之美的：这女人编着席。不久在她的身子下面，就编成了一大片。她像坐在一片洁白的雪地上，也像坐在一片洁白的云彩上。她有时望望淀里，淀里也是一片银白世界。水面笼起一层薄薄透明的雾，风吹过来，带着新鲜的荷叶荷花香。但是大门还没关，丈夫还没回来。

席子像洁白的雪地，又像洁白的云彩，水生嫂就坐在这云彩之上，她的头上明月皎皎，她家的院外水雾淡淡，银白澄澈的世界里，那从容端坐者不是水月观音，又会是谁？

作者是这样写水生嫂其内在之美的：

她细心。水生笑了一下，她便看出他笑得不像平常。然后问："怎么了，你？"不说"你怎么了？"而说"怎么了，你？"，少了一些质问与怀疑，多了一些担心与急切。

她担心。水生说自己要到大部队上去，她编席子的手指震动了一下，被苇眉子划破了手。在水生同父亲谈完，都已经鸡叫时，她"还是呆呆地坐在院子里等他"。

她贴心。划破手后，她不撒娇也不埋怨，只是"把一个手指放在嘴里吮了一下"。听到水生说让她多担些家里的事，她鼻子有些发酸，却忍住不哭。

她知心。她说："你走，我不拦你。"当她听到他最重要的叮嘱终于流下眼泪后，却还是含着泪答应了丈夫。

这个女人的外表如水月观音般清丽俊美，这个女人的内心如水月观音般温柔美好。

这样温柔美好的人物让读者的内心亦充满温柔，让我们暂时忘记了战争的冰冷。

三、如散文诗般的战争场面

遇到鬼子追击，白洋淀的女人们反应是这样的：她们摇船如"织布穿梭，缝衣透针"，把个小船摇得像"打跳的梭鱼"。她们想的是"假如敌人追上了，就跳到水里去死吧！"水声哗哗，野鸭飞起。她们虽然需要"咬紧牙制止住心跳"，但再紧张那摇橹的手也不会慌。野鸭"尖声惊叫"，耳边响起枪声。"整个荷花淀全震荡起来"。她们知道已经陷入埋伏，所以视死如归，"一齐翻身跳到水里去"。每次读到"一齐"二字，我都会为之动容。

女人们的丈夫打鬼子是这样的：他们埋伏在荷叶之下，"聚精会神瞄着敌人射击"。枪声是"清脆"的，欢笑是"大声"的，战利品是丰厚的。水生吆喝道："出来吧，你们！"与水生嫂说的那句"怎么了，你？"一紧张，一放松，遥相呼应。

打完鬼子之后的男女是这样的：水生调侃女人们是"一群落后分子"，女人们则噘着嘴说："你看他们那个横样子，见了我们爱搭理不搭理的！"准备转移时，男男女女"一人摘了一片大荷叶顶在头上，抵挡正午的太阳"。

后来，女人们也学会了射击，她们"配合子弟兵作战，出入在那芦苇的海里"。反正在家里也要惦念，干脆和你们并肩作战。心安，从加入你们那天开始。

战争年代的爱情，既艰难，又浪漫，让我们暂时摆脱了战争的阴霾。

如风景画般的景物，让我们爱上这片土地；如水月观音般的人物，让我们爱上这片土地上的人们；如散文诗般的战争场面，让我们爱上这片土地上的人们那艰难而浪漫的爱情。这样的土地，能被侵占么？这样的人物，能被欺辱么？这样的爱情，能被摧残么？不能！既然我们足够爱这一切的一切，当然不允许侵略者将其毁灭。作者越是写对荷花淀中一切人与物的爱，就越能激起人们对侵略者的恨，就越能激发人们保卫家乡的壮志豪情。保家卫国，保家卫国，没有对家乡深切的爱与眷恋，爱国从何谈起？《荷花淀》以小见大，从爱一个人，到爱一个家，到爱一片土地，直至爱一个国家。尽管这国家有着"多愁多病的身"，我们也义无反顾地爱她，守护她，就像守护我们的心上人一样。

《荷花淀》不像是在写战争，又确乎是在写战争。只不过它写的不是生离死别的战场夫妻，而是并肩作战的英雄儿女，而且是美丽水乡里的英雄儿女。

光着脚低声问妻子话的水生，吮完手指低头回话的水生嫂，拉着水生的手让他放心去打仗的水生爹，既失望伤心又担心丈夫安危七嘴八舌发表议论的女人们，聚精会神瞄准射击顾不上瞧自己妻子半眼的男人们，流星一样的冰船，百亩大的苇塘，海一般的芦苇。《荷花淀》中所有的所有都是美的，而且美的那样健康，那样动人。

有人说："《荷花淀》不是军事题材的文学作品，而是一位作家和一个民族的还乡梦。"

想起那首经典的老歌《梦里水乡》。歌中唱道："春天的黄昏，请你陪我到梦中的水乡。让挥动的手在薄雾中飘荡，不要惊醒杨柳岸，那些缠绵的往事，化作一缕轻烟，已消失在远方……淡淡相思都写在脸上，沉沉离别背在肩上，泪水流过脸庞，所有的话，现在还是没有讲。看那青山荡漾在水上，看那晚霞吻着夕阳，我用一生的爱，去寻找那一个家，今夜你在何方。转回头迎着你的笑颜，心事全都被你发现。梦里遥远的幸福，它就在我的身旁……"

是啊，梦里遥远的幸福，它就在我的身旁。荷花清丽，芦苇荡漾。只要能和你并肩作战，还惧怕那什么地狱？还稀罕那什么天堂？

2021-03-26

我如此爱你，但我必须去死
——读林觉民《与妻书》

　　林觉民，生于1886年，卒于1911年。他是福建闽县人，十四岁进福建高等学堂，1907年赴日本留学，入庆应大学文科攻读哲学，后参加同盟会，从事革命活动。1911年回国参加黄花岗起义，4月27日，与方声洞等人领先袭击总督衙门，负伤被捕，数日后从容就义，为黄花岗七十二烈士之一。

　　如果我们只看这段简介，对林觉民这一形象的认识一定还极为模糊，我们只知道他是一名革命志士，死的时候很年轻。幸亏有他写给妻子陈意映的家书传世，我们才得以了解这颗既心存国家大义又心怀儿女情长的灵魂。

　　1911年，林觉民受同盟会派遣回到福建，联络革命党人，筹集经费，招募志士赴广州参加起义。他告别家人，率第一批义士从马尾港上船赴香港。黄花岗起义三天前，即4月24日，林觉民在香港滨江楼住下。待战友们入睡后，他在一块白方巾上给妻子陈意映写下了这封最后的家书，还给他父亲写了一封信。起义失败后，有人秘密将这两封信在半夜里塞进林觉民家的门缝里，第二天清晨才被发现。

林觉民知道自己一定会死的，所以无论是给妻子还是给父亲写的信上，他都是一开篇就将这个事实告诉了亲人。

他说："意映卿卿如晤：吾今以此书与汝永别矣！吾作此书时，尚是世中一人；汝看此书时，吾已成为阴间一鬼。"

竹林七贤中王戎的老婆常称他为"卿"，也就是"你"的意思。王戎说："妇道人家称自己的丈夫为'卿'，在礼数上是不敬的。以后不能这样叫。"那意思让妻子称自己为"君"，也就是"您"。王妻答道："亲卿爱卿，是以卿卿，我不卿卿，谁当卿卿？"意思是我亲近你爱恋你，所以才叫你"卿"。我不叫你"卿"，谁该叫你"卿"。王戎只得任她这样称呼下去。这就是"卿卿我我"这一成语的由来。卿卿我我的意思是男女相爱，十分亲昵，情意绵绵。

林觉民称妻子陈意映为意映卿卿，也就是"亲爱的意映"。仅从这一称呼我们便可得知，他很爱自己的妻子。

可是他如此爱她，却要去死。他如此悲痛，悲痛到泪珠和笔墨一齐落下，悲痛到还未把信写完就要罢笔，却还是要去死。这是为什么呢？陈意映不明白，读者也不明白。所以他说："但我又担心你不了解我的苦衷，认为我忍心抛下你去死，认为我不知道你不想让我去死，所以我强忍悲痛为你写下这封信。"

他说："我非常非常爱你，就是因为我如此爱你，所以才让我勇敢地去赴死。"为什么呢？因为他遇到了生命中最对的那个人，于是希望天下所有有情人都能成为眷属。但当时的中国遍地是腥云，满街是狼犬，太多人连活下来都是奢望，更不用说相爱的两个人能幸福到老了。所以他希望妻子能理解自己以苍生为念的生死抉择，并希望妻子也能如自己一样以苍生为念。此等站位，此等胸襟，此等情怀，非一般人所能有也。

他回忆自己曾和妻子探讨夫妻二人谁先死谁后死的问题。他原本也想死在妻子后面，去承受丧妻之痛，而不是让柔弱的妻子去承受丧夫之痛。"吾先死，留苦与汝，吾心不忍，故宁请汝先死，吾担悲也。"一个人得对妻子爱到什么程度，才能说出这样深情无限的话呢？可是因为要投身起义，所以林觉民只能食言，要先于妻子而死。此等痛苦，谁人能够理解呢？

《与妻书》第一段出现了两次"死"字，第二段出现了两次"死"字，第三段出现了五次"死"字。明知必死，亦蹈死地，既悲且壮，荡气回肠。

谁不想好好儿活着呢？何况是林觉民这样正值大好年华，且有着自己幸福小家庭的人。

他深情地对妻子说："吾真真不能忘汝也。"然后深情地回忆道："入门穿廊，过前后厅，又三四折，有小厅，厅旁一室，为吾与汝双栖之所。初婚三四个月，适冬之望日前后，窗外疏梅筛月影，依稀掩映；吾与并肩携手，低低切切，何事不语？何情不诉？"对于旁人而言，那间屋子只是一个普通的供人居住的所在，但对林觉民而言，却是他与妻子的爱巢，是世界上最最温暖幸福的角落。看他将他们夫妇二人"双栖之所"的位置描写得如此细致，看他把窗外的景象描写得如此幽雅，看他把两个人亲昵交谈的情景写得如此动人。"何事不语？何情不诉？"八个字更是把二人的伉俪情深与琴瑟和谐展现得淋漓尽致。彼此相爱，彼此懂得，确为天成佳偶。要知道二人并非自由恋爱，却能彼此遇见，实在难得。爱一个在他人看来也许很平凡的人，守一个在他人看来也许很普通的家，这应该就是林觉民心中最美好的小幸福。但过往越是美好，现在就越是悲痛，未来就越是绝望。所以他说："及今思之，空余泪痕。"

有感于斯文

妻子曾经对他说如果出远门，一定要告诉她，她愿意一路追随。但因为这次是要去死，妻子又怀有身孕，所以实在不忍心当面告知，只能借酒买醉，逃避深爱自己的妻子，也逃避深爱妻子的自己。

写到这里，林觉民必然悲痛万分，难以继续落笔，但想到起义，想到苍生，想到自己的革命理想，他知道自己不能再在这样的小儿女圈子中徘徊哀戚了，于是他说"吾诚愿与汝相守以死"，但能平安余生的人太少了。因为身处当时的中国"天灾可以死，盗贼可以死，瓜分之日可以死，奸官污吏虐民可以死"。林觉民一连用了四个"死"字，既悲且愤，又是满满的无奈。是啊，在这样一个朝不保夕的国家里，谁能左右自己的生死呢？死别固然令人悲痛，生离同样令人断肠，毕竟破镜重圆的事太少太少。他说："今日吾与汝幸双健。天下人之不当死而死与不愿离而离者，不可数计，钟情如我辈者，能忍之乎？此吾所以敢率性就死不顾汝也。"意思是天下那些如我们一样相爱却不得不面临生离死别的人实在太多了。我不能忍受这样的悲剧一遍一遍地上演，所以我率性而为，为了这样的悲剧不再发生，为了打造一个全新的中国勇敢赴死，当然也就无法再顾及你失去我的悲痛了。

他说："我今天死而无憾。"他甚至为妻子勾勒了在他死后她的生活状态：养大两个孩子，守着清贫，清静过日子。然后他说："我现在和你没有别的话可说了。"

赴死的原因说了，对妻子的爱说了，将来的日子怎么过也说了，确实可以"无言"了。但一想到这是给妻子写的最后一封信，这位钢铁男儿还是无法违背自己对妻子恋恋不舍的内心。他继续写道："我在九泉之下远远听到你哭我的声音，也会以哭声相应和的，我虽然平日不相信有鬼，现在却又希望真有，这样就可以与你心灵感应了。"他说："我虽然死了，但我的灵魂还依依不舍地陪伴在你的身旁，你不要因为没有伴侣而悲伤。"他说："我这一生从来没有把我的志向告诉过你，这是我的不对。但是若真告诉你,又怕你日日为我担忧,我虽然为了天下百姓过上好日子百死不辞,但让你担心,却是我不忍的,我爱你到了极点,所以我才唯恐为你考虑得不够周到。"

因为爱一个人而愿意相信这世上有鬼,因为爱一个人而在说与不说之间苦苦挣扎,在那个凄凉如水的夜晚,林觉民含泪想着家中的弱妻稚子,写着家书,当然也是这世上最悲伤也最美丽的情书。

紧接着便是整封书信的文眼所在了:"汝幸而偶我,又何不幸而生今日中国!吾幸而得汝,又何不幸而生今日之中国!卒不忍独善其身。""不忍独善其身"六个字是在剖白心迹,亦是在发出宣言。两个人相遇相爱是多么不容易,但生在这样多灾多难急需拯救的中国,就不能只顾自己。这是大好人生才刚刚开始的 25 岁的林觉民的抉择。

陆游说:"位卑未敢忘忧国。"正是因为有一个个像林觉民这样的热血青年的殒身不恤,我们的国家才有今日之独立,今日之富强,今日之荣光。

起义失败后,广州城内的大街小巷留下了战士们的遗体。广州清吏对革命党恨之入骨,有意"示众",把烈士头颅挂在城门上。1911 年 5 月 2 日,善堂的潘达微率领义工为烈士打开镣铐,身首异处的整合复原,在红花岗用棺木收殓安葬了七十二具遗骸。潘达微喜爱菊花,尤其喜欢"菊残犹有傲霜枝"这一诗句,于是把红花岗改为黄花岗。黄花即菊花,象征节烈。至于七十二位烈士的姓名,直到 1922 年春才完全查出,这才在黄花岗上勒石记名。而此时距离他们牺牲已经过去 11 年了。

让我们记住这些年轻而滚烫的名字吧。

陈更新烈士,牺牲时 21 岁。

饶国梁烈士,牺牲时 23 岁。

陈可钧烈士,牺牲时 23 岁。

喻培伦烈士，牺牲时 25 岁。

方声洞烈士，牺牲时 25 岁。

劳培烈士，牺牲时 25 岁。

林觉民烈士，牺牲时 25 岁。

石德宽烈士，牺牲时 26 岁。

刘元栋烈士，牺牲时 27 岁。

秦炳烈士，牺牲时 29 岁。

卓秋元烈士，牺牲时 29 岁。

宋玉琳烈士，牺牲时 31 岁。

……

黄花岗七十二烈士的平均年龄只有 29 岁。烈士中有九人是留日学生。他们有的放弃了安稳生活，有的放弃了锦绣前程。他们以自己年轻的身躯为火把，为当时灾难深重黑夜漫漫的中国燃出一个黎明。

陈意映在收到林觉民的绝笔信后悲痛万分，想自杀殉情。在林觉民父母跪求之下，她才同意活下去。但终因悲伤过度，于两年之后去世，终年 22 岁。

林觉民在书信末尾写道："嗟夫！巾短情长，所未尽者，尚有万千，汝可以模拟得之。吾今不能见汝矣！汝不能舍吾，其时时于梦中得我乎？一恸。"他一定不会想到，虽然他努力在劝解安慰自己的妻子，但妻子竟然这么快便随他而去了。比翼齐飞的鸟儿痛失爱侣，便再也没有了独自飞翔的勇气。

孙中山在其《黄花岗七十二烈士事略序》中写道："碧血横飞，浩气四塞，草木为之含悲，风云因而变色。"同盟会元老黄兴撰写挽联：七十二健儿酣战春云湛碧血，四百兆国子愁看秋雨湿黄花。

通过林觉民的《与妻书》，我们才能明白他的心声，明白如他一样的革命者们的心声，明白黄花岗七十二烈士们的壮怀激烈与满腹柔情。

"无情未必真豪杰,怜子如何不丈夫?"《与妻书》如锦瑟一般缠绵,如火焰一般热烈,哀婉与豪迈并重,令人几欲落泪又热血沸腾。如在和平年代,他们完全可以过自己幸福的小日子,林觉民很可能成为一代散文名家。但这也只能假设,只能假设。历史的车轮滚滚向前,碾轧所有无奈,也碾轧所有不甘。

特蕾莎修女说:"即使你将你最好的留给世界了,对世界可能也是微不足道的,但你还是要将最好的留下。"林觉民将他最好的留给了世界,他依依不舍,却又义无反顾。

我如此爱你,但我必须去死——这是林觉民们对亲人和国家的双重告白。

2021-03-26

当爱已成往事
——读《氓》

《当爱已成往事》开篇唱道:"往事不要再提,人生已多风雨。纵然记忆抹不去,爱与恨都还在心里。"爱情随风而逝,青春亦随风而逝,二者掉头而去,且一去不回。生命是一次次尝试,又是一次次领悟。历尽沧海之时,可有微笑绽放于眉梢?蓦然回首之际,可有泪水洒落于眼角?

《诗经》中有七八篇以弃妇为题材的诗。《氓》是其中最典型的代表。

全诗一共六小节,一二小节写的是氓求婚和女子出嫁,三四小节写的是氓抛弃了女人,五六小节写的是女子的遭际和面对抛弃的态度。全诗用不到三百字的篇幅写了一个女人痛苦难言的前半生。

他也曾热烈地追求过她。那天他嘻嘻笑着来拿钱换丝,其实并不是真的来换丝,他是到女子那里商量婚事的。女子心疼男子大老远过来找自己,可是又不能大胆挑战没有媒人便出嫁的礼俗。所以她不顾矜持,送对方渡过淇水,直送到顿丘,而且面对男子的着急发怒好言安慰说:

"不是我故意拖延时间，而是你没有好媒人啊。请你不要生气，把秋天订为婚期吧。"她爱得赤诚，爱得热烈，却也爱得卑微。

她也曾痴痴地等待过他。自从定下婚期之后，她觉得自己就已经是他的人了。她日夜思念他。她登上那倒塌的墙，遥望那期待的人。"泣涕涟涟"是为他，"载笑载言"也是为他。他主宰了她的世界的阴晴变幻。当他占卜吉凶发现没有不吉利的预兆后，她说："你用车来接我吧，我带上财物嫁给你。"她爱得简单，爱得执着，却也爱得盲目。

张爱玲在给胡兰成的一张照片的背面写道："在你面前我变得很低很低，低到尘埃里。但我的心里是喜欢的，从尘埃里开出花来。"我相信《氓》中的女主人公与氓相恋时的心情也是如此。可是谁能想到，自己爱得如此之深，投入这场感情如此之决绝，换来的竟是伤心与落寞呢？张爱玲如此，《氓》中的女主人公亦是如此。

斑鸠会被甜美的桑葚醉倒，女人会被甜美的爱情醉倒。她告诫斑鸠不要再吃桑葚，她告诫其他女人不要再沉溺于男人的爱情中。为什么呢？因为男人若沉溺在爱情里，还可以脱身。而女人若沉溺在爱情里，就无法脱身了。因为女人较之男人往往更重感情。而谁越重感情，谁就越容易为感情所反噬。这是造物主的安排，真的是没办法的事。

桑树落叶的时候，它的叶子枯黄，纷纷掉落。就像女人的容颜，在岁月的消磨中悄悄老去。《氓》用桑叶比喻女人，用桑葚比喻爱情。两个比喻新鲜、贴切又形成关联，而"桑树"这一意象的选择也很讲究，特别符合古代女子种桑织布的生产方式，实在是匠心独运。读者须细心品味。

女人说："自从我嫁到你家，多年来忍受贫苦的生活。淇水波涛滚滚，水花打湿了车上的布幔。我没有什么差错，你的行为却前后不一致了。男人的爱情没有定准，他的感情一变再变。"淇水曾见证过女人送别男人时的痴情，此时，却又见证了男人抛弃女人时的绝情。淇水打湿布幔，亦如泪水打湿衣衫。

以色事人者，年老则色衰，色衰则爱弛。何况这个氓本来就不是什么有着高贵灵魂的人呢？看他求婚时虽嬉皮笑脸，却一言不合就会发怒，绝非良善之辈。但女人被爱情蒙蔽了双眼，到此时只能自尝苦果。她不怕受穷，既然嫁给他，就无怨无悔，只要他爱她，他爱她就足够。可他已经不爱她了，因为不爱，所以她再怎么吃苦耐劳，他都嫌弃她了，甚至对她开始施暴。被休回家后，兄弟们非但不安慰她，还嘲笑她。

此时的女主人公有三重痛苦：第一重，自己没错却被丈夫抛弃；第二重，自己没错却被兄弟嘲笑；第三重，自己没错却被自我怀疑。古代绝大多数女子之所以特别害怕被休回家，想来都是因为这三重痛苦。连生性倔强的刘兰芝回到娘家后都会"进退无颜仪"，更不用说本诗的女主人公了。"静言思之，躬自悼矣"八个字淋漓尽致地写出了一个女人不知道自己错在何处却又无处求告的苦痛。离开夫家，退到娘家，可是再退也退不出自己无助无望的内心，可谓退无可退，避无可避。天地广大，人海茫茫，竟无一人懂得自己。所以她只能自怨自艾，独自伤心。

这个受伤的女人继续控诉道："原想同你白头到老，但相伴到老将会使我怨恨。淇水再宽总有个岸，低湿的洼地再大也有个边。"意思是说这世上什么东西都有个边界，可为什么那个曾经热烈追求过我的你说变就变了呢？作者用比兴的手法来写人心，形象生动，令人印象深刻。

原以为掏心掏肺地爱上一个人，就拥有了整个世界。可是当那个人转眼间变成了最熟悉的陌生人，那个与他相关联的世界轰然倒塌，掏心掏肺也随之变成了撕心裂肺。早知如此，当初自己为什么那么疯狂地爱他？以至于为他哭为他笑。当初自己为什么那么傻傻地信他？以至于带上嫁妆，说跟他走，就跟他走。

女人不再留恋过去，不再自我折磨。她说："少年时一起愉快地玩耍，尽情地说笑。誓言是真挚诚恳的，没想到你会变心。你违背誓言，不念旧情，那就算了吧！"《国风·郑风·遵大路》中的女主人公说："沿着大路走啊，抓紧你的手啊。莫要嫌弃把我丢啊，抛却恩爱不肯留呀！"《国风·召南·江有汜》中的女主人公说："江水决堤啊又流回，心爱的人儿别处飞，从此再不和我相追随。没有我相伴相陪你，终有一天你会懊悔。"而《氓》中的女人一不恳求男人不要抛弃自己，二不预想对方会懊悔，她只是带着自己的自尊心告诉男人：咱们两个从此一拍两散，再无瓜葛。

爱情来临时，女人成了傻子；爱情离开时，女人却成了哲人。这都拜那个曾经热烈追求过她却狠心抛弃她的男人所赐。这样狠心的男人，使曾经爱他爱到不顾一切的女人迅速成长。

白居易在他的《井底引银瓶》中写道："墙头马上遥相顾，一见知君即断肠。"爱上他，是选择，也是宿命。可是哪里想到结局却是"为君一日恩，误妾百年身"呢？爱情随风而逝，青春亦随风而逝，就算已经看清了来路中的错误，已经青春不再的自己又如何去走那将来的路呢？人最怕的其实不是不再相信某个人，而是不再相信爱情。白居易说："寄言痴小人家女，慎勿将身轻许人！"可是，在一场场结局通向破灭的爱情的开始，谁不是满心欢喜，并满怀期待呢？

《当爱已成往事》中有这样两句歌词："爱情它是个难题，让人目眩神迷。"爱情它是个难题，因为开始太过美好，因为结束太过仓促，因为人心最难揣测，因为人生仅此一遭。当爱已成往事，讨论对错也许已经失去了意义，不如放手，放过对方，也放过自己。剩下的事，就交由良心去评判吧。虽然良心是特别私人化的东西。

好像，也只能如此。

2021-03-29

有感于斯文

中国新闻人的典雅含蓄
——读周树春《别了,"不列颠尼亚"》

零度写作,来源于法国文学理论家罗兰·巴特1953年发表的一篇文章《写作的零度》。零度写作方式多指作者在文章中不掺杂任何个人的想法,完全是机械地陈述。零度写作并不是缺乏感情,更不是不要感情;相反,是将澎湃饱满的感情降至冰点,让理性之花升华,写作者从而得以客观、冷静、从容地抒写。而新闻消息类文章,因为其对时效性与真实性的高度要求,多采用零度写作的方式。但话虽如此,写作者也是人,而人,都是有情感有态度的。何况是面对香港回归这样一个承载了中华民族的尊严与荣光的历史大事件呢。

《别了,"不列颠尼亚"》一文在当年获得了第八届中国新闻奖的一等奖。我觉得除了其以独特的视角即英方撤离的角度选材以外,最重要的就是作者理性克制地表达了国人应有的情绪且文字优美雅致,彰显了中国新闻人的典雅含蓄,颇具东方魅力。

1997年香港回归之时,我在念初三,各班当然还没有现在的多媒体设备，全校师生是在大操场上看的电视直播，一转眼，已是24年过去。当时的我，激动万分。我的情绪可以任意表达，但新闻人不可以，于是，他们用自己的方式去表达。

环境可以表达情绪。

作者写"在蒙蒙细雨中，末任港督告别了这个曾居住过25任港督的庭院"，细雨蒙蒙，烘托了末任港督彭定康的心事沉沉。后文再写彭定康"面色凝重"地注视港督旗帜落下也就顺理成章了。查尔斯王子宣读英国女王赠言时的环境是"雨越下越大"，港岛上举行第二次降旗仪式时的环境是"广场上灯火渐暗"，最后"不列颠尼亚"号驶离时的环境是"南海的夜幕中"。曾经以坚船利炮四处殖民的不可一世的"日不落帝国"迎来了他们暮雨洒江天的时刻，英国人的惆怅与无奈，从侧面反映了中国人的喜悦与骄傲。

数字可以表达情绪。

全文以时间顺序来写，甚至精确到几点几分，非但不给人以记流水账之感，反而尽显中国人期待香港回归的兴奋与激动。如"0时40分，刚刚参加了交接仪式的查尔斯王子和第28任港督彭定康登上'不列颠尼亚'号的甲板"。

除了时间之外，我们再来看一下下面这三句话中的数字。

"在香港飘扬了150多年的英国米字旗最后一次在这里降落……"

"156年前，一个名叫爱德华·贝尔彻的英国舰长带领士兵占领了港岛。"

"从1841年1月26日英国远征军第一次将米字旗插上港岛，至1997年7月1日五星红旗在香港升起，一共过去了156年5个月零4天。"

大家应该注意到这些数字越来越精确，历史的沧桑感、民族的自豪感就这样通过这些数字传达给了每一位中国读者。

一个字眼也可以表达情绪。

有感于斯文

比如"永远","根据传统,每一位港督离任时,都举行降旗仪式。但这一次不同:永远都不会有另一面港督旗帜从这里升起。"永远都不会,因为中国人任人宰割的时代已经一去不复返了。

比如"来去","大英帝国从海上来,又从海上去。"全文只有这一处用了"大英帝国",其他用的都是"英国"。大英帝国野心勃勃而来,此时却只能铩羽而归。

比如"很快","将于1997年年底退役的'不列颠尼亚'号很快消失在南海的夜幕中"。虽说"很快",却让我们苦苦等待了150多年。

比如"日落",降港督旗帜时响起的是"日落余音"的号角声,作者借此自然用了"日落仪式"一词,一语双关,含蓄地表达了对英国这个昔日的"日不落"帝国的情感。

比如"别了",文章题目用的是"别了",而不是"再见",因为我们不会再接受奴役,我们是自己的主宰。我们不是东亚病夫,我们是龙的传人。

环境、数字、字眼都可以表达情绪,遣词造句、场景营造极为讲究。中国新闻人的典雅含蓄可见一斑。

典雅,指庄重雅致,优美不俗,如可远观而不可亵玩焉的莲花,典雅的文章需要用一双温柔的眼睛去触摸。

含蓄,指含而不露,耐人寻味,如犹抱琵琶半遮面的矜持女郎,含蓄的文章需要用一颗剔透的心灵去品味。

我们不说自己有多骄傲,但我们的字里行间都是努力克制的深沉微笑。

2021-11-02

· 猛士之心 ·

猛 士 之 心
——读鲁迅《记念刘和珍君》

　　从最初读到这篇文章至今,已经过去很多年了,得有二十多年了。但每次读还是会心痛,还是会感叹,还是会掩卷沉思,还是会久久难平,一为刘和珍,二为鲁迅先生,三为所有为了中国能从狭隘走向开阔、从蒙昧走向文明、从弱小走向强大的蹈死不顾的猛士们。

　　鲁迅先生在《为了忘却的记念》中写道:"在一个深夜里,我站在客栈的院子中,周围是堆着的破烂的什物;人们都睡觉了,连我的女人和孩子。我沉重的感到我失掉了很好的朋友,中国失掉了很好的青年……"记得从事教育行业的第二年,2007年,我晚上备课时深读这篇文章,也有先生类似的感觉。是的,中国失掉了很好的青年,他们那么年轻……

　　刘和珍有多好呢?

　　鲁迅先生用了三个"然"。她毅然预定了《莽原》全年,这说明她追求进步;她因思虑母校前途而黯然流泪,这说明她心怀母校;她欣然前往执政府请愿，这说明她勇于担当。除此之外，她还是一个特别爱笑且态度温和的女孩儿，所以作者说她是"始终微笑的和蔼的刘和珍君"。

还有一些信息是我查到的，刘和珍14岁时已经习惯阅读陈独秀主办的《新青年》，15岁时走上街头抵制日货，17岁时在江西首倡女子剪发。请愿当天她生着病，但强撑着组织动员，发小旗，喊口号，并走在队伍的前面。在中弹之后，她对扶她的张静淑说："你们快走吧，我不行了，不要管我了。"

善良友爱，微笑和蔼，追求进步，敢于担当，她就是这样的刘和珍君！

段祺瑞执政府是怎样对待这样的青年的呢？

一是虐杀，二是污化。

我们来看一下虐杀现场：

我没有亲见；听说，她，刘和珍君，那时是欣然前往的。自然，请愿而已，稍有人心者，谁也不会料到有这样的罗网。但竟在执政府前中弹了，从背部入，斜穿心肺，已是致命的创伤，只是没有便死。同去的张静淑君想扶起她，中了四弹，其一是手枪，立仆；同去的杨德群君又想去扶起她，也被击，弹从左肩入，穿胸偏右出，也立仆。但她还能坐起来，一个兵在她头部及胸部猛击两棍，于是死掉了。

刘和珍背部中弹，说明凶手是从背后开枪，这当然让人无从躲闪。张静淑中了四弹，其中一枪是手枪，说明是军官所为，因为一般士兵用的都是步枪，军官才往往配手枪。若不是身份特殊，鲁迅先生也不会强调这一枪的不同。杨德群也是背后中弹，因为是从左肩射入、从胸口射出的，从弹道轨迹来看，是居高临下射杀。这还不够，她还被人在头部及胸部猛击了两棍，不是腿上和臀部，是致命的头部和胸部，其用心不言自明。鲁迅先生在这里才用了"一个兵",也是在提示读者那个用手枪行凶的不是一般的兵。先生的语言极度俭省,只是高度还原现场,但其愤怒之情与批判之意已跃然于纸上,读者一定要细细品读。

先虐杀,后污化,无耻文人竟然说这群爱国者是受人指使的。杀了人,再往尸体上泼脏水。其险恶,其无耻,令人扼腕。悲剧,就是把有价值的美好的东西毁灭给你看。

作者对刘和珍和段祺瑞执政府分别是怎样的情感态度呢?

对刘和珍,文中写"我应该对她奉献我的悲哀与尊敬"以及"但看那干练坚决,百折不回的气概,曾经屡次为之感叹"。

对段祺瑞执政府,文中写"而此后几个所谓学者文人的阴险的论调,尤使我觉得悲哀。我已经出离愤怒了"以及"一是当局者竟会这样地凶残,一是流言家竟至如此之下劣"。

先生是在三月二十四日晚见到的刘和珍和杨德群两位女性的遗体,极度悲痛,当天就病倒了。第二天也就是文中提到的"中华民国十五年三月二十五日",他还是冒着被暗算的危险,拖着病体,去参加了刘和珍和杨德群二君的追悼会。先生既悲痛又愤怒,挥笔写下了这篇《记念刘和珍君》。其实仅凭题目中的这个"君"字,我们就能看出他对刘和珍的崇敬与赞叹。他甚至不惜贬低自己为"苟活者",而将刘和珍界定为"是为了中国而死的中国的青年"。先生是爱憎分明、敢作敢为的大好男儿!

但本文又不仅仅是一篇悼词,它还是一篇醒世之作,因为"忘却的救主快要降临了罢,我正有写一点东西的必要了",因为"不在沉默中爆发,就在沉默中灭亡"。它还是一篇战斗檄文,因为"稍有人心者,谁也不会料到有这样的罗网",因为"真的猛士,将更奋然而前行"。

先生说:"就将这作为后死者的菲薄的祭品,奉献于逝者的灵前。"自称不用"生者",而用"后死者",无疑是告诉当局,发表这篇醒世之作与战斗檄文之时，他已经做好了为国赴死的准备。一个人押上身家性命向另一个人致敬，这祭品何其贵重！

司马迁说："常思奋不顾身，以殉国家之急。"曹植说："捐躯赴国难，视死忽如归。"刘和珍如此，鲁迅先生如此，千千万万的真的猛士如此。"真的猛士，敢于直面惨淡的人生，敢于正视淋漓的鲜血。"刘和珍拖着病体请愿，鲁迅先生拖着病体悼念；刘和珍不怕危险，鲁迅先生不怕暗算；刘和珍一心为国，鲁迅先生亦一心为国。两位猛士在这篇文章中深情握手，两颗心在这篇文章中温暖相拥。用鲜血与热泪浇筑的猛士之心呀。

当再一次瞻仰身材纤瘦留着短发微笑和蔼的刘和珍君时，我虔诚而郑重地为她燃起一炷心香。我想，若刘和珍还活着该多好呀，可她却永远都只有22岁，永远……

2021-11-13

怀瑾握瑜兮,穷不知所示
——读司马迁《屈原列传》

屈原是孤独的,上为昏君,下多奸臣,外有强敌,内无同类。司马迁以环境的残酷悲凉来写屈原的孤立无援,这一技法,读者需要知悉。

昏君是楚怀王。怀王是一个傻乎乎又彪呼呼的滑稽人物。

说他傻,是因为他的三次被骗。第一次被骗是张仪跟他说的六百里土地的事儿,张仪的话能信么?秦国的承诺靠谱么?当时签合同了么?有第三方证人么?合纵的策略能抛弃么?若张仪坑了自己而齐国又不再相助怎么办?这些问题怀王都不想,怀王只想一件事——六百里土地,真香!让纵横家中的翘楚张仪去骗他,太浪费资源了。第二次被骗是张仪主动请缨到楚国来,结果因为靳尚和郑袖向怀王求情,怀王竟然就放走了张仪。张仪怎么取信于郑袖的呢?郑袖是怀王的宠妃,后来怀王想让张仪帮她去物色美女以充实后宫,张仪说得先看看楚王正宠爱的妃子相貌如何,这才方便寻找更佳者,可等郑袖来到后,张仪立刻拜倒说这已是最美的女人,自己无能为力。这一招儿使得怀王和郑袖都非常满意。第三次被骗是秦国约怀王到秦国会晤，屈原劝他别去，毕竟秦国是虎狼之国，但怀王小儿子子兰劝他爹该去去，不去不妥。怀王就去了，然后就被扣住了。

说他彪，是因为他的三次发怒。第一次发怒是上官大夫进谗言诋毁屈原，说屈原恃才傲物，结果这位所谓的王就怒了，疏远屈原。屈原是什么人你不知道么？仅听一面之词合适么？不问屈原，自己去调查取证后再做判断不行么？楚王都不想，这位只想一件事——我才是最有才的，你说只有你屈原才能做这件事，狗屁！第二次是张仪骗他说跟齐国绝交就给楚国六百里土地，怀王就真的跟齐国绝交，然后张仪跟他说承诺的是六里土地，怀王又怒了，大举伐秦，结果大败。文中写的是"大兴师伐秦"。打仗前有调度么？有准备么？有制敌之策么？好像都没有，反正人家一生气就撸袖子开干，至于怎么干，不在人家考虑的范围。第三次是怀王被扣在秦国，成了秦国向楚国索要土地的吉祥物，不是，是人质。怀王再次大怒，想跑到赵国去，但赵国不待见他，拒绝接纳，怀王无奈又回到秦国，然后在秦国结束了自己傻乎乎又彪呼呼的一生。

聪明人领导笨人，难受的是聪明人；笨人领导聪明人，难受的还是聪明人。伺候这么一位巨婴，屈原的痛苦可想而知。

奸臣有上官大夫、靳尚和郑袖。上官大夫想抢屈原的草稿，屈原不给，上官大夫就不愿意了，诋毁屈原，而且是怎么让怀王烦就怎么诋毁，并成功得逞。小人的思维逻辑好像是这样的：我管你要东西，你不给，你的行为深深地伤害了我，所以我要报复。上官大夫这类人没有什么良知底线和道德包袱。屈原是君子，跟这种人斗，实在太吃亏了。就像警察拯救人质时，只要罪犯不开枪，警察就不能随意开枪。你说谁被动？靳尚是因为接受了张仪的贿赂而向楚王求情的，他怎么说的呢？他说："您拘了张仪，秦国一定生气，其他国家知道秦国不待见咱们了，就一定会轻视楚国，那样楚国不就危险了么？"我若是怀王，我会斩钉截铁地说："拘押张仪，天经地义。群雄见我大楚敢拘押为秦国做事的张仪，更会以我为合纵的领袖。这样只会抬高我们在诸侯国中的地位，如果气势汹汹要来，和颜悦色送走，大楚的脸面何在？天下人的悠悠之口又会怎么议论我们大楚！"但怀王没有，结果我们都知道了，他放走了张仪。郑袖就是中国历史上有名的借刀杀人计策——掩鼻计的实施者。怀王宠爱一个妃子，郑袖见势不妙，对那妃子说："大王最喜欢看你掩住鼻子的娇羞样子。"妃子很傻很天真，见了怀王就捂鼻子。郑袖又跟怀王说："那小丫头嫌大王您有狐臭。"怀王当然又怒了，不怒就不是怀王本王了，怀王一生气，后果很严重。那位妃子被割掉了鼻子，再也无法与郑袖争宠了。郑袖协助张仪，也有靳尚的建议在里面。两个人狼狈为奸，把个怀王耍得团团转。

强敌是张仪和他背后的秦国。纵横家的特点是只看利益，不看立场。利益就是最大的立场。所以他们不存在忠于谁的问题，有奶就是娘，有粮便是爹。忠孝节义什么的，根本与他们没关系。就像纵横家另一位代表苏秦，他一开始找的是秦王，进献的也是灭东方六国的计策，秦王不喜欢听，苏秦就去游说东方六国合纵抗秦。张仪与苏秦齐名，其骗人与耍赖的各种操作可谓炉火纯青。当然这还不是最强的，张仪最强之处在于，他清楚那一个个王心里在想什么。当秦国要割地求和时，怀王点名要张仪不要土地。张仪可是有功之臣，但秦王有担当么？没有。张仪一点儿也没觉得心寒，主动跟秦王说："既然用我一个张仪能换汉中的土地，我愿意去。"秦王拦阻了么？也没有。因为秦王最心疼的只是土地。这是张仪和屈原最大的不同。屈原知道楚王昏聩，但还是试图唤醒、拯救；张仪知道秦王薄情，所以用自己的方式保全自己，还能把话说得很漂亮。不过，也正是因为这点不同，张仪就算能时时春风得意、处处逢凶化吉，也还是成不了万众敬仰流芳后世的屈原！秦国是强大的，而且它的强大似乎已具备不可逆转性。屈原面对这样的纵横家与虎狼国，内心的无奈与酸楚是不言而喻的。

上为昏君，下多奸臣，外有强敌，内部有同类也好呀，至少可以互相抚慰，彼此鼓励，但是很可惜，没有。太史公写了昏君之昏，奸臣之奸，强敌之强，最后又写了像屈原一样以文学称名当世却"莫敢直谏"的宋玉、唐勒之流。屈原就这样陷入了绝对的孤独之中。

孤独，不是外在的形单影只，而是内心的茕茕孑立。所以他只能写《离骚》，只能写《怀沙赋》，只能跳江。

屈原在《怀沙赋》中写道："黑色花纹放在幽暗地方，人们像瞎子说它不漂亮。离娄看东西只略瞥一眼，盲人认为他和自己一样。把白的颜色说成是黑的，把上的颠倒过来作为下。美丽的凤凰被关在笼里，却让鸡和鸭自由地飞翔。把美玉和顽石混在一起，认为它们本来一模一样。想来小人多么卑鄙顽固，全不了解我的纯洁高尚。我肩负时代赋予的重任，却又陷入困境难以担当。尽管我保藏珍宝和美玉，穷困中也无法向人献上。"最后两句按屈原的原句翻译回去便是"怀瑾握瑜兮，穷不知所示"。

怀王昏聩，继任的顷襄王也是个昏君，他照样听不进忠良的劝告，楚国的土地一块块被秦国蚕食。公元前278年，楚都郢被秦军攻破，顷襄王被迫逃到河南。要知道春秋时期，楚国曾灭掉42个小国，实力强大到令人望而生畏。战国时期，楚国也曾是军队人数最多的国家，足足有一百万。齐国、魏国七十万，秦国六十万，赵国四五十万，韩国、燕国则只有三十万。如今，楚国却落到此等田地。绝望的屈原选择投江自尽，质本洁来还洁去。

屈原死后数十年，楚亡。这样的国家，该亡！司马迁含蓄地告诉读者：不呵护自己的英雄的国家，注定灭亡，并且，不值得同情。

"颜色憔悴，形容枯槁。"心力交瘁的三闾大夫屈原行吟泽畔。渔父劝屈原随波逐流，与世浮沉，这样便可以活得好一些。屈原拒绝了。他说自己是"察察之身",有着"皓皓之白"。生命的尊严岂能践踏?心中的理想岂能埋没?海子在《亚洲铜》中写道:"亚洲铜,亚洲铜,看见了吗?那两只白鸽子,它是屈原遗落在沙滩上的两只白鞋子。让我们,我们和河流一起,穿上它吧。"可是屈原之后,再无屈原。

《屈原列传》与《史记》中的其他传记有一处明显的不同,那就是没有什么完整的故事线。太史公夹叙夹议,文笔真挚而深沉,情感喷薄又压抑。我想,那是因为他与屈原有着类似的人生遭遇,所以总忍不住发表议论、传递情绪。屈原和司马迁,一个选择勇敢赴死,一个选择忍辱求生,但都同样悲壮。他们一个完成了与《国风》并举的《离骚》,一个完成了划时代的史学巨著《史记》,在历史的星河中熠熠生辉。

人到底该怎么活呢?司马迁说自己"爽然自失",是啊,很多问题是没有终极答案的,屈原在其《天问》中问天问地问太阳问月亮问先贤问神灵,其实最终问的都是自己。也许,也许从心而行就是答案。问问自己,这样值不值,值,就够了。来过,爱过,追寻过;哭过,笑过,坚守过。与其说忠于怀王,不如说忠于内心。而内心,是永远的力量之源,无论之于求生,还是之于赴死。

史蒂文森《安魂曲》的前四行是"在广阔的星空下面,挖座坟墓让我安眠。我乐于生也乐于死,我的死是出于自愿"。屈原,是中国历史上第一个非正常死亡的著名文人。他身披香草,以浪漫的身影乘风而来,又腰带长铗,以决绝的姿态投水而去。

《屈原列传》是一个孤立无援者的履历,人,在面临重大抉择时要先认真地拷问自己,拷问之后,便无所畏惧。

2021-11-26

此之谓大丈夫

——读班固《苏武传》

一个民族的硬度也好,温度也罢,很大程度上是由其中的部分杰出者来诠释与书写的。比如苏武。如果你问我为什么中华民族是个有气节的民族,我就会把苏武这个名字告诉你。只要你读了他的故事,自然也就懂得了"气节"二字的含义。

如果没出使匈奴,苏武一定不会有今天的美誉。就像荆轲,如果没去刺秦,也一定不会有今天的威名。时势造英雄,确实不假。不过话说回来,时势只是为那些具有英雄潜质的人提供了舞台,去舞台上演绎的,还是这些人自己。是他们自己用其生命的硬度与信仰的纯度完成了自身英雄形象的塑造,并让一辈又一辈的后人去瞻仰,去沉思。

苏武出使匈奴的助手叫张胜,汉朝投降匈奴的虞常找张胜密谋,想挟持单于的母亲。张胜不跟苏武商量,直接就同意了。班固惜墨如金,"张胜许之"四个字让我们看到了这个猪队友的草率鲁莽。事败之后,张胜"恐前语发",先"许"而后"恐",既不动脑子惹事儿,又没有胆子扛事儿。这位猪队友比年十二杀人，却在秦王大殿上色变振恐的秦舞阳还要差劲。秦舞阳至少不给荆轲惹事儿呀。

苏武莫名其妙给队友背锅，而且是劫持人家单于他老娘这么既大且黑的锅，却不怒也不慌，而是很冷静地说："事如此，此必及我，见犯乃死，重负国。"意思是说事情已经到了这种地步，一定会牵连到我，被匈奴人审讯侮辱后才死，那就更对不起国家了。然后便要自尽，多亏被身边人拦住。危难关头，苏武想的不是自己的性命，而是国家的尊严，这是苏武的思维方式，也是后面苏武所有言行的起点。

单于派卫律审问苏武，卫律是因事株连而畏罪逃亡至匈奴的汉人。苏武说："屈节辱命，虽生，何面目以归汉！"然后便拿出佩刀来自刺，卫律大为吃惊。卫律吃惊是正常的，以他那样卑劣的灵魂，是很难理解苏武这样高贵的灵魂的。班固写卫律"自抱持武，驰召医"。一"抱"一"驰"，尽显卫律对苏武的敬服与看重。原来卑劣者也会敬服高贵者，虽然北岛说"卑鄙是卑鄙者的通行证，高尚是高尚者的墓志铭"，但从人类历史长河的角度看，上天还是公平的。因为卑鄙者也绝不想让人们把其卑鄙写在墓志铭上，就像此时卫律被苏武的勇武节义震住一样。

半天之后，苏武才重新开始呼吸。单于听说这件事，认为非常豪壮，于是早晚派人问候苏武，而把张胜收押了起来。任何民族，任何国家，都是敬重勇士鄙视懦夫的，何况苏武既是勇武之士又是节义之士呢？

苏武渐渐痊愈，单于想招降他为己所用。为了招降苏武，单于先是斩了虞常，然后又让卫律劝降苏武。卫律先公布了对张胜的判决，死罪，然后说只要投降就可以赦免，卫律拔出宝剑来对张胜一比画，张胜就投降了。班固在张胜投降后并没写卫律的反应，但我想其一定是非常得意的。卫律公布对苏武的判决，连同治罪，也就是"相坐"。苏武说："我没有参与谋划，也不是张胜的亲属，凭什么连坐？"卫律见苏武义正辞严，又拿出剑来对苏武比画，没想到苏武一动不动。卫律威逼不成，开始利诱。他称苏武为"君"以示尊重，然后说自己在匈奴已经称王，有数万兵众和满山牛羊。只要苏武投降，立刻就可以得到这些。苏武一言不发。卫律见利诱不成，又开始威逼利诱兼用。他说只要苏武投降，就是自己的兄弟。但若不投降，想再见到自己可就难了。苏武这才开口说话，确切地说，是破口大骂。苏武说："你作为大汉的臣子，不顾朝廷的恩义，背叛主上，抛弃双亲，在此蛮夷之地做降虏，我见你做什么？单于相信你才让你来主持审讯，你不平心持正，却想使汉匈两国相斗，幸灾乐祸。你明知道我不会投降，却想让两国互相攻杀，匈奴的灾祸，就要从杀死我苏武开始了。"这段话共三层意思。第一层，从道德层面说明你这种大汉的叛徒不配让我见。第二层，你辜负了单于对你的信任。也就是说你既辜负了大汉天子，也辜负了匈奴单于，你这人太次。第三层，杀死我苏武是小事儿，但给匈奴带来灾祸的就是你卫律。看到时候你还能否在匈奴立足。

　　卫律知道苏武终究不会投降，只好把情况告诉单于。单于听说后，更想招降苏武。于是把苏武囚禁在大窖中，断绝饮食，逼其就范。没想到苏武渴了就啃雪，饿了就吞咽毯子上的毡毛，数日不死，匈奴人都认为他有神灵护佑。有人可能会问，苏武之前不是欲自杀以明志么，为何此时又开始努力求生？我的理解是他不是在求生，而是在抗争，匈奴单于给苏武出的选择题是要么死，要么降。苏武给的答案是既不死，也不降。沧海横流，方显英雄本色；处境艰难，才知硬汉风骨。单于见苏武硬气如此，便令其到北海（今俄罗斯境内的贝加尔湖）牧羊，并说明只有公羊生子才放他回去。这当然是比困于大窖更艰巨的考验。但苏武依然既不死，也不降。他挖野鼠窝里藏的草实充饥，他拄着汉节牧羊，他行走坐卧都把汉节握在手中。文中写道："节旄尽落。"也就是汉节上的牦尾全部脱落了。作者用此细节描写既暗示了时间的推移，又暗扣了苏武一直握着汉节的事。苏武握在手中的不仅仅是汉节,更是自己的信仰与精神。五六年之后,匈奴一位贵族很赏识苏武会纺织箭尾丝线和矫正弓弩的本事,给了他一些衣食,苏武的生活条件略有改善,但好景不长,三年后,该贵族生病,后来死去,丁令人(卫律统领的匈奴族的一支)还来偷盗苏武的牛羊,苏武又一次陷入了困顿之中。这是叛徒卫律在《苏武传》中的最后出场,用如此下作的方式。

苏武北海牧羊期间,李陵也曾来劝降,李陵是飞将军李广的长孙。公元前99年,35岁的李陵随贰师将军李广利出征匈奴,他以五千兵士与匈奴八万大军战于浚稽山,终因寡不敌众,兵败投降。当时敌人疯狂合围,李陵他们一天便射光了五十万支箭,但依然难以突围,箭射光了用短刀,短刀砍崩了就用车轮辐条当武器。李陵与其所剩的士卒被困于狭谷,匈奴人在险要处安放垒石,很多士兵被砸死。黄昏时,李陵身着便衣独自出营,有士兵要跟着他,李陵拦住他们说:"不要跟着我,我要一个人去干掉单于。"过了很久,李陵才回来,因为他根本没有接近匈奴单于的机会,最后只得投降。汉武帝听信李陵在替匈奴人练兵的谣言,夷灭其三族,这也使李陵彻底断绝了与汉朝的关系。

李陵劝苏武与卫律完全不同。第一,关系近。他们曾经是同事,而且李陵在与苏武聊天时曾提到为苏武的母亲送葬。第二,感触深。李陵自身确实受到了汉朝廷的不公正待遇,属于现身说法,所以更具说服力。李陵先请苏武喝酒,然后才开口劝降。李陵的话大致五层意思。

第一层,单于爱才。单于真的很欣赏你,而你又肯定回不了汉朝,何必在此受苦,你的信义之举只能被风雪掩埋,无人喝彩。

第二层,汉帝薄情。汉天子对你们家没什么恩义,你的哥哥和弟弟因皇帝的昏聩霸道一个自刎而死,一个饮药自尽。对这样的君王,何必去竭尽忠诚?

第三层,家无牵挂。你的母亲已死,妻子改嫁,三个孩子生死不知。既然没什么牵挂,在匈奴娶妻生子,重新开始,岂不是好?

第四层,人生苦短。人这一辈子如同朝露,转瞬即逝,应该珍惜自身,享受生命,为什么要让自己如此劳苦?

第五层,现身说法。自己投降时的痛苦不亚于你苏武,但汉天子法令无常,残害大臣,实在不想再在其手下为官。

这五层意思有理有据,有情有义,既联系生活现实又具备人生高度,而且听来确实是肺腑之言。那么苏武是怎么回复的呢?苏武说:"我们苏家父子对大汉没什么功德,列将也好,通侯也罢,都是皇上给的,我们兄弟三人都是皇帝的亲近之臣,深受信任,所以一直想着为皇上肝脑涂地。今天能为大汉去死,即使是被斧钺砍杀或被大锅烹煮,也心甘情愿。臣子侍奉君王,就像儿子侍奉父亲。儿子为父亲死,没什么遗憾的,希望你不要再说了。"苏武这些话可以简单概括为一句话:士为知己者死。李陵和苏武一连喝了几天酒后还想劝苏武,苏武说:"自分已死久矣!王必欲降武,请毕今日之欢,效死于前。"一个"王"字将两个人隔为了敌我两方,李陵做的是匈奴人的卫校王。李陵知道苏武心意已决,不再劝降,泪落沾衿,与武诀别。

李陵劝降苏武是《苏武传》中最重要的部分,因为李陵的话也是很多不明白苏武为何如此忠诚坚韧的人想说想问的话。班固把李陵的劝说词写得越是入情入理,我们就越能看到苏武那份坚守的可歌可泣。

苏武后来回到了汉朝,去时百余人,回时只有九人。苏武在匈奴一共生活了19年。班固写:"始以强壮出,及还,须发尽白。"苏武40岁出使匈奴,59岁回到汉朝。第二年,苏武60岁那年,因与桑弘羊交好而受其谋反的牵连被罢官,后来因拥立汉宣帝有功,赐爵关内侯,80岁高龄去世,汉宣帝将其列为麒麟阁十一功臣之一。

苏武回到汉朝后曾给李陵写信邀请李陵归汉,李陵给苏武回复了一封很长的信。其中有为苏武回汉却受到不公正对待的打抱不平的话。李陵为苏武感到不值。

苏武不要异域称王，甘做囚徒，是为富贵不能淫；不惧缺衣少食，餐冰卧雪，是为贫贱不能移；不屑刀剑加身，蹈死不顾，是为威武不能屈。亚圣孟子曰："富贵不能淫，贫贱不能移，威武不能屈，此之谓大丈夫。"

值与不值，大丈夫苏武自己知道。自己知道就够了。有这样一种对"幸福"的解释：前半生不怕，后半生不悔。苏武便是无惧亦无悔。

如果觉得不值，觉得委屈，他绝不会活到 80 岁。生命的硬度源于信仰的纯度，用质感的生命去捍卫自己纯洁的信仰，是如此高贵亦是如此幸福的一件事。自苏武牧羊始，"气节"二字在中华大地上有了更骄傲也更沧桑的含义。

2021-12-01

有感于斯文

未经思索的人生不值得一过
——读王羲之《兰亭集序》

苏格拉底说:"未经思索的人生不值得一过。"书圣王羲之在一个开心愉悦的氛围中开始了自己的思索。

东晋穆帝永和九年(公元353年)的三月三日,王羲之与当时的名士谢安、孙绰等一共42人在兰亭集会。为了增加趣味,他们曲水流觞,饮酒赋诗,各抒怀抱。什么叫曲水流觞呢?就是大家在岸边次第坐好,然后把盛好酒的酒杯放在荷叶上,将其从上游放出,酒杯顺流而下,流到谁的面前,谁就取来饮酒赋诗。在这一天的集会当中,共产生了37首诗作。其中王羲之、谢安等11人每人写了一首四言和五言,郗昙、华茂等15人每人写了一首四言或五言,而王献之、吕本等16人一首诗都没写出来,各罚酒三杯。诗作已成,众人推王羲之为之作序,王羲之当仁不让,他趁着酒意挥毫泼墨,写出了《兰亭集序》这篇千古佳作。恕我直言,37首诗读完,我感觉乏善可陈,该诗集最有价值的作品是这篇序。

那么这篇序胜在何处呢？我认为是它写出了人类共同的哀愁——人生难测。

聚会本来是开心的。谢灵运在《拟魏太子邺中集诗序》中说："天下良辰、美景、赏心、乐事，四者难并。"但王羲之他们偏偏就把这难并的四点凑齐了。

正是暮春开始之时，且"天朗气清，惠风和畅"，这是良辰；"崇山峻岭，茂林修竹""清流激湍，映带左右"，这是美景；"仰观宇宙之大，俯察品类之盛""游目骋怀"，这是赏心；"流觞曲水""一觞一咏""畅叙幽情"，这是乐事。除此之外，还多出一个"佳朋"，因为"群贤毕至，少长咸集"。能跟这样一群高雅之士共享这良辰美景赏心乐事，难怪王羲之会说"信可乐也"，换作谁也应该快乐吧？

易中天先生在其《易中天中华史》中是这样概括魏晋风度的：真性情、美仪容、尚自然、爱智慧、重门第。其中的"自然"又常常与人的节操追求相暗合。"天朗气清"可以对应人的心胸开阔，气质清爽；"惠风和畅"可以对应人的心态平和，事理畅达；"茂林修竹"可以对应人的高洁傲岸；"清流急湍"则可对应人的心思澄澈。在这样一个与自己的精神气质与审美趣味高度契合匹配的环境中，人的幸福感与愉悦度是想当然的。

但酒意半酣的王羲之偏偏就在这样幸福感与愉悦度爆棚的环境中思索了起来。

王羲之是王导的侄辈，王导是扶持东晋晋元帝司马睿上位的重臣，也就是"王与马，共天下"中的那个"王"。王羲之血统高贵，在那个重门第的时代自然要风得风。他曾任秘书郎、宁远将军、江州刺史，后为会稽内史、领右将军。这样一个人会思索什么呢？会生出什么样的情思呢？

王羲之思索的是人生，他在满心的愉悦之中生出的是悲情，而且还不止一种。

第一种，人生短暂的幻灭感。"俯仰"就是一世。王羲之 303 年生人，创作此文时已经 51 岁（古人论虚岁）了，知天命的年纪。人生如朝露，对于一个 50 多岁的人来说，这种幻灭之感肯定更强。

第二种，人易厌倦的宿命感。"所之既倦，情随事迁。"这与叔本华的钟摆理论类似。叔本华曾说："人生就像钟摆，在痛苦和无聊之中摆荡。"得不到就痛苦，得到了就无聊，然后再去痛苦，再去无聊，很难有永恒的快乐与幸福。

第三种，命运无常的无力感。"修短随化，终期于尽。"人的寿命，根本不受自己的掌控，只能看大自然的脸色。不屈的灵魂终有一天会随着注定腐朽的肉体灰飞烟灭。枯木逢春犹再发，人无两度又少年。

第四种，古今皆然的苍凉感。"后之视今，亦犹今之视昔。"古人本是今人的一面镜子，而今人也慢慢成了古人。个人逃脱不了，整个人类都逃脱不了，古往今来都逃脱不了。

四种悲苦，逐次递进，岂不令人断肠？

可以说王羲之是站在整个人类历史长河的河岸之上俯瞰全人类，思考全人类，亦悲悯全人类的。但王羲之毕竟是王羲之，他有这些悲情，却不停留在这些悲情之上，他告诉我们，就算人生难测，就算命运无常，那生与死也是不同的，那长寿与短命也是不同的，人既然来到了这个世上，总得有所追求、有所创造，这样才算不枉来一遭。对于最终的结局而言，人生本无意义，但你要用自己的方式赋予它一个意义。

《兰亭集序》将诗情、画意与哲思熔为一炉，王羲之寥寥数笔，竟架构出如此广阔的审美天地。

他在文末说后人读到这些诗文一定也会有所感触。是的，比如我，比如每一个愿意跌身文字间、愿意跌身作者王羲之心怀之中去品读这篇佳作的人。

未经思索的人生不值得一过

人的高贵，很大程度上就在于无论把这世界看得有多明白，也依然对生命中的一切保有一分好奇。无论人生有多短暂，也依然对生命中的一切保有一份敬意。

《兰亭集序》诞生于353年，8年后，王羲之仙逝，从此世上再无"书圣"。哪怕达到"圣"这个级别，也还是会死的，何况芸芸众生呢？这篇文章的真迹与唐太宗一起下葬，我们现在能看到的只有冯承素的临摹本。当然，这是后话了。

南合文斗有一首《陪君醉笑三千场》，里面的几句歌词与王羲之的心声可相呼应。"不如就这样，掩藏起悲伤，陪君醉笑三千场。既然是这样，说好要坚强，醉笑三千场，不诉离伤。"

天朗气清，惠风和畅，佳朋列坐，曲水流觞。人生苦短，难免彷徨。把酒言欢，莫多思量。

未经思索的人生不值得一过。

但思索过后，别忘了还是要且行且歌。

2022-03-21

跋

　　写作这本《有感于斯文》，是一件很幸福的事，也是一件很艰难的事。说幸福是因为在细品这些优质文本的过程当中，我收获了太多的审美愉悦；说艰难是因为这些优质文本基本上都被多方研究鉴赏过，我再来"续貂"，可能就显着有些多余。

　　但我还是写了这本书，之所以这样做，是因为我觉得本书有三点可能跟其他鉴赏类文章不太一样。一是它是一个教书十六年的语文老师写的，很多地方如同上课情境，学生和老师读起来应该比较舒服；二是为了方便读者尤其是中学生深入了解一篇文章尤其知识链接要求比较高的文章，我都会加以补充，方便理解；三是我自认为读得比较细致，一些篇目可以挖掘出教参上没有的妙处，这样也就突破了一课时或者两课时所传递给学生的信息量的局限，特别是审美感受这一点。

　　既然课文都是好文章，单纯当一篇课文来讲尤其是目标性非常强的课文来讲，总感觉有些浪费。于是我慢下来，置身于这些美好而质感的文字之间，并力求把最真与最深的感受分享给每一位读到这本书

跋

的朋友。

屈原的孤独、苏武的坚贞、水生嫂的质朴、刘和珍的决绝、香雪的勇敢让我心折，大雁的高贵、荷塘的美丽、老山界的历险、项脊轩的故事、刘兰芝与焦仲卿的爱情让我感叹。我和刘邦一起在鸿门宴上紧张，和花木兰一道在战场上驰骋，和鲁迅一同接受藤野先生的教诲。我随细腻的朱自清呼唤春天，陪忧郁的郁达夫体味秋天，同温厚的老舍感悟冬天。我揣摩烛之武和李密的说话技巧，我思考庄子与惠子辩论的有趣之处，我想象闻一多先生发表最后一次讲演时的神情。读《社戏》，我会哈哈大笑；读《猫》，我会黯然神伤；读《植树的牧羊人》，我会肃然起敬；读《百合花》，我会热泪盈眶……

一篇篇好文章，就如同一粒粒明珠。若明珠暗投，是一件多么令人伤感的事。所以，我真心地希望每一位读者都能把这些文章视为触得到的恋人，而不是最熟悉的陌生人。

人生是多么短暂呀，无论是对值得的人，还是对好文章，能做到不辜负，又是多么幸福。

所以，艰难就艰难吧，幸福，可以抵御所有。